D1719693

BIRGITT HETTICH-KRAEMER

Puppenkleider
selbst gehäkelt

►47

24

►09

INHALT

Puppenkleider selbst gehäkelt

Puppenmuttis wünschen sich Kleider für alle Gelegenheiten! Schließlich soll der Liebling für alles ausgestattet sein. Für die heißen Tage werden luftige Kleider, kurze Hosen oder ein Strandkleid mit Hut als Sonnenschutz für die Ferien am Meer gehäkelt.

Im Winter darf das Puppenkind nicht frieren, und es kann im warmen Schneeanzug gut eingepackt mit Handschuhen, Schal und Mütze zum Schlittenfahren mitkommen.

Mit wenig Aufwand und viel Freude lassen sich im Nu schicke Outfits für Puppenmädchen und -jungen häkeln. Und wenn Sie Ihre Modelle fertiggestellt haben schmeißen Sie eine Puppenparty – der Spaß ist garantiert!

Viel Spaß und Freude beim Häkeln!

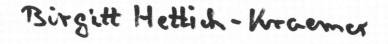

Gestreiftes Doppel

schickes Outfit mit Tasche

Stäbchen

Stb in R über einen Lm-Anschl häkeln. Das 1. Stb in die 4. Lm ab Nd arbeiten. Das 1. Stb jeder R durch 3 Lm ersetzen. Das letzte Stb jeder R in die 3. Ersatz-Lm häkeln.

Streifenfolge A

* 1 R Cyclam, 1 R Weiß, 1 R Orchidee, ab * stets wdh. Beim Farbwechsel die letzte M der letzten R schon mit der neuen Farbe abmaschen, damit ein exakter Farbübergang entsteht. Die Fäden jeweils am Rand nach oben mitführen und damit in der entsprechenden R weiterhäkeln.

Streifenfolge B

* 1 R Orchidee, 1 R Weiß, 1 R Cyclam, ab * stets wdh. Den Farbwechsel wie bei Streifenfolge A arbeiten (siehe „So wird's gemacht", Seite 57).

Streifenbluse

Anleitung

Die Bluse wird im Rückenteil geknöpft. Dafür die Rückenteilhälften und das Vorderteil quer in einem Stück häkeln. Mit dem rechten Rückenteil beginnen und 29 Lm + 3 Lm als Ersatz für das 1. Stb in Cyclam anschl. Dann Stb in R in der Streifenfolge A häkeln = 30 Stb pro R. Nach 7,5 = 10 R ab Anschl für den rechten Armausschnitt am linken Arbeitsrand 5 M unbehäkelt lassen und über 25 Stb weiterhäkeln. Nach 4 cm = 5 R ab Armausschnittbeginn am linken Rand wieder 5 Lm dazu anschl und das Vorderteil über 30 Stb gerade fortsetzen. Nach 15,5 cm = 20 R ab Vorderteilbeginn den linken Armausschnitt über 5 R wie den rechten arb. Dann das linke Rückenteil gegengleich zum rechten anhäkeln, dabei die Streifenfolge A fortsetzen, Abnahmen werden zu Zunahmen. Nach der 10. = letzten Rückenteil-R die Arbeit beenden.

Vordere Passe

Von unten nach oben zu den Schultern häkeln. 25 Lm + 3 Lm als Ersatz für das 1. Stb in Orchidee anschl. Dann Stb in R in der Streifenfolge B häkeln = 26 Stb pro R. Nach 3 cm = 4 R ab Anschl für den Halsausschnitt die mittleren 14 Stb unbehäkelt lassen und beide Seiten über je 6 Stb fortsetzen. In je 2,5 cm = 3 R Halsausschnitt-

höhe die Arbeit beidseitig beenden. Die Schulterhöhe ist jeweils erreicht.

Rechte rückwärtige Passe

14 Lm + 3 Lm als Ersatz für das 1. Stb in Orchidee anschl. Dann Stb in R in der Streifenfolge B häkeln = 15 Stb pro R. Nach 4 cm = 5 R ab Anschl für den Halsausschnitt am linken Rand 9 Stb unbehäkelt lassen. Über die restlichen 6 M noch 2 R bis zur Schulter häkeln. Dann die Arbeit beenden.

Linke rückwärtige Passe

Gegengleich zur rechten rückwärtigen Passe häkeln.

Ärmel

Von oben nach unten häkeln, dabei für die Ärmelkugel 7 Lm + 3 Lm als Ersatz für das 1. Stb in Cyclam anschl. Dann Stb in R in der Streifenfolge B häkeln, dabei mit 1 R in Cyclam beginnen und gleichzeitig für die Puffärmelform in die 4.-9. Lm des Anschl je 3 Stb, in die letzte = 10. Lm 1 Stb häkeln = 20 Stb. In der 2. R in jede 2. M 2 Stb häkeln = 30 M. Die 3.-8. R über je 30 Stb häkeln. Dann die Arbeit beenden – endet mit 1 R in Orchidee.

Fertigstellen

Schulternähte schließen. Alle Passenränder ringsum mit 1 Rd fM in Orchidee umhäkeln. Dann das rechte und linke Rückenteil sowie das Vorderteil einschließlich der Armausschnitte ringsum mit 1 Rd fM in Orchidee umhäkeln. Nun die Passenteile entspre-

GRÖSSE
Puppengröße
42 cm - 44 cm
Kurze Hose
ca. 12 cm lang
Tasche ca.
6 cm x 10 cm
(ohne Tragegurt)

MATERIAL
* Schachenmayr/
  SMC Catania
  (LL 125 m/50 g)
  in Cyclam (Fb 114)
  und Orchidee
  (Fb 222), je 100 g
  und Weiß
  (Fb 106), 50 g
* Häkelnadel
  3,0 mm
* Gummiband,
  5 mm breit,
  ca. 30 cm lang
* 3 Hemden-
  knöpfe, ø 11 mm
* 2 Smilie-Knöpfe,
  ø 18 mm

**MASCHEN-
PROBE**
Mit Nd 3,0 mm
23 Stb und 13 R
= 10 cm x 10 cm

chend über die Rückenteile und das Vorderteil nähen, dafür die überschüssige Weite im Vorderteil durch 2 Falten wegnehmen, die zur Mitte zeigen und die Rückenteile jeweils etwas raffen, um die Weite auszugleichen. Dann bei den Ärmeln die Seitenränder und den Anschlrand jeweils mit 1 R fM in Orchidee überhäkeln. Ärmel einsetzen, dabei jeweils nur die überhäkelten Ränder an die seitlichen Passenränder nähen. Die Ärmelmitte trifft stets über die Schulternaht und der waagrechte Armausschnittrand bleibt jeweils frei. Zum Schluss über dem linken Rückenteil 3 Knopflochschlingen aus je 5 Lm in Orchidee anhäkeln, die obere und untere Schlinge mit je 0,5 cm Abstand zum Rand, die 3. Schlinge 2,5 cm unterhalb des Passenbeginns. Knöpfe annähen. Smilie-Knöpfe lt. Modellbild auf das Vorderteil nähen.

Tasche

Vorder- und Rückseite mit Klappe in einem Stück häkeln. Mit der Vorderseite beginnen. Dafür 19 Lm + 3 Lm als Ersatz für das 1. Stb in Cyclam anschl.

Stb häkeln = 20 M pro R. Nach 5 R ab Anschl das Ende der Vorderseite, nach der folgenden 2. R den Beginn der Rückseite und nach weiteren 5 R den Beginn der Klappe markieren. Für die Rundungen der Klappe beidseitig in der 17. R ab Anschl das 2. und 3. Stb sowie dritt- und zweitletzte Stb zus abm = 18 M (siehe „So wird's gemacht"). In der 18. R das 1. Stb mit 1 Kettm übergehen, 1 fM, 14 Stb und 1 fM häkeln, das letzte Stb unbehäkelt lassen. Nun das ganze Teil ringsum mit 1 Rd fM in Cyclam umhäkeln. Arbeit beenden.
Für den Tragegurt 3 Lm + 3 Lm als Ersatz für das 1. Stb in Cyclam anschl. Stb häkeln = 4 M pro R. Nach 36 cm ab Anschl den gesamten Gurt mit 1 Rd fM umhäkeln. Dann die Arbeit beenden.

Blümchen

7 Lm mit 1 Km zum Ring schließen. Um den Ring 5 Blütenblätter arb, dafür * 2 Lm, 1 DStb, 1 Lm und 1 Km häkeln, ab * 4x wdh. Je 5 Blümchen in Weiß und Orchidee und 4 Blümchen in Cyclam häkeln.

Fertigstellen

Taschenteil an den Markierungen zur Tasche falten. Anfang und Ende des Tragegurts jeweils zwischen Taschenvorder- und -rückseite einnähen, siehe Modellbild. Taschenklappe mit doppeltem Faden in Weiß und Orchidee mit Schlingstich umstechen. Blümchen auf den losen Tragegurt nähen, Far-

ben lt. Modellbild oder nach Belieben anordnen.

Kurze Hose

1. Hosenbein

34 Lm + 3 Lm als Ersatz für das 1. Stb in Cyclam anschl. Stb häkeln = 35 M. Beidseitig für die Schrägungen in der 2. und 3. R je 1 Stb zunehmen, also je 2 Stb in 1 Stb der Vorr häkeln = 39 Stb.

2. Hosenbein

Wie 1. Hosenbein häkeln.
Nun über beide Teile Stb im Zushang in R weiterhäkeln = 78 Stb. Nach 9 cm = 12 R ab Zufügen der M die Arbeit beenden.

Fertigstellen

Innere Beinnähte, dafür die Hosenbeine so zuslegen, dass sich die offenen Beinnähte innen gegenüber liegen und fortlaufend die rückwärtige Mittelnaht schließen. Nun für den Aufschlag an jedem Hosenbein mit Cyclam über den Anschlrand 1 R fM und 2 R Stb häkeln, dabei jeweils am äußeren Seitenrand des Hosenbeins beginnen und enden. Zum Schluss die Schlitzränder des Aufschlags und die letzte Aufschlag-R mit 1 R fM in Weiß überhäkeln. Das Gummiband in die letzte Hosen-R einziehen, Enden zusnähen.

Der Winter kann kommen

Schneeanzug mit Handschuhen und Schal

GRÖSSE

Puppengröße 42 cm - 44 cm
Mütze für Kopfumfang ca. 29 cm
Handschuhe ca. 4,5 cm x 5 cm
Schal ca. 39 cm x 2 cm
(ohne Schneemann)

MATERIAL

* Schachenmayr/SMC Catania
  (LL 125 m/50 g) in Pfau
  (Fb 146), 150 g, Jaffa (Fb 189)
  und Weiß (Fb 160), je 50 g
* Häkelnadel 3,0 mm
* Rest Stickgarn in Rot und
  Schwarz
* 4 Druckknöpfe
* Moosgummi in Schwarz,
  ca. 8 cm x 8 cm

MASCHENPROBE

Mit Nd 3,0 mm im Strukturmuster 24 M und 18 R =
10 cm x 10 cm (Anzug)

Mit Nd 3,0 mm 21 Stb und 5 R =
10 cm x 4 cm (Schuhe)

Mit Nd 3,0 mm im Relief-
muster 4 Stb/fM und 17,5 R =
2 cm x 10 cm (Schal)

Mit Nd 3,0 mm im Streifenmuster 24 Stb/fM und 18 R/Rd
= 10 cm x 10 cm (Mütze, Handschuhe)

Strukturmuster

Je 1 R Stb und fM im Wechsel häkeln.
Über einem Lm-Anschl beginnen, dabei
das 1. Stb der 1. R in die 4. Lm ab Nd
arb. Die fM ins ganze Abmaschglied der
Stb häkeln. Bei den Stb jeweils nur in
die rückwärtige Hälfte der Abmaschglieder der fM einstechen. So legen sich
die Stb nach hinten. Das 1. Stb jeder R
durch 3 Lm, die 1. fM jeder R durch
2 Lm ersetzen. Das letzte Stb einer R in
die 2. Ersatz-Lm, die letzte fM einer R in
die 3. Ersatz-Lm der Vor-R häkeln.

Schneeanzug

Rückenteil mit halber Hose

Mit dem rechten halben Hosenbein beginnen. Dafür 11 Lm + 3 Lm zum Wenden als Ersatz für das 1. Stb in Pfau anschl = 12 Stb. Im Strukturmuster häkeln.
In der 3. R = Stb-R zwischen dem 1. und
letzten Stb je 2 Stb in je 1 fM der Vor-R
arb = 22 Stb. Am rechten Rand für die
Schrägung in der 5. R 1 Stb zunehmen,
dann in der 2. R noch je 1 M zunehmen
= 25 Stb. Anschließend in der 11. und
13. R beidseitig noch je 1 Stb zunehmen
= 29 Stb. Nach 7,5 cm = 14 R ab Anschl
die Arbeit vorerst ruhen lassen. Nun
das linke halbe Hosenbein gegengleich
häkeln. Ab folgender R über beide Hosenbeinhälften im Zushang im Strukturmuster folgerichtig weiterarb
= 58 M. Für die Form in der 17. R ab Anschl beidseitig je 1 Stb abn, dafür das 2.
und 3. Stb sowie das zweit- und drittletzte Stb zus abmaschen. Diese Abnah-

men in jeder 2. R noch 6x wdh = 44 Stb.
Nach 23 cm = 42 R ab Anschl beidseitig
für die Armausschnitte je 5 M abnehmen, dafür am R-Anfang 5 M mit Km
übergehen, am R-Ende die M unbehäkelt stehen lassen = 34 M. Nun gerade
weiterhäkeln. In 5,5 cm = 10 R Armausschnitthöhe für den Halsausschnitt die
mittleren 18 M unbehäkelt lassen und
beidseitig über je 8 M für die Schultern
noch je 2 R häkeln. Dann die Arbeit beenden.

Vorderteil mit halber Hose

Das rechte halbe Hosenbein wie das
linke halbe Hosenbein des Rückenteils
häkeln. Das linke halbe Hosenbein bis
zur 10. R wie das rechte halbe Hosenbein des Rückenteils häkeln.

Ab 11. R für den Schlitz in 2 Teilen weiterhäkeln. Zunächst das im Tragen linke Teil fortsetzen. Dafür am rechten Arbeitsrand für die Schrägung noch 1 Stb zunehmen und 13 Stb häkeln = 14 Stb. In 13. R die Zunahme wdh = 15 Stb. Die 14.-16. R über je 15 M arb. In 17. R am linken Arbeitsrand für die Schrägung 1 Stb zunehmen = 16 Stb. In 19. R am rechten Rand 1 M ab-, am linken Rand 1 Stb zunehmen = 16 M. Bis zur 26. R gerade weiterhäkeln. In 27. R wie in 19. R arb = 16 M. Bis zur 32. R wieder gerade weiterhäkeln. In 33. R am linken Arbeitsrand 1 Stb zunehmen, dann in jeder 2. R noch 4x je 1 Stb zunehmen = 21 Stb. In 43. R für den Armausschnitt am rechten Rand wie am Rückenteil 5 M abnehmen = 16 M und gerade weiterhäkeln. In 4,5 cm = 8 R Armausschnitthöhe für den Halsausschnitt am linken Rand 8 M unbehäkelt lassen. Über die restlichen 8 M noch 4 R häkeln. Damit ist die Schulterhöhe erreicht. Nun die Arbeit beenden.

Jetzt das 2. Teil des Hosenbeins fortsetzen, dabei in 11. R am rechten Arbeitsrand = Teilungsrand 1 M übergehen, 11 Stb häkeln und am linken Arbeitsrand 1 Stb zunehmen = 12 Stb. In 13. R genauso 1 Stb zunehmen = 13 Stb. In 15. R die M beider Hosenbeine zufügen = 29 + 13 Stb = 42 Stb. In 17. R am linken Arbeitsrand für die Form 1 Stb abnehmen = 41 Stb. Nun in jeder 2. R beidseitig 10x je 1 Stb ab-

nehmen = 21 Stb in 37. R. Bis zur 42. R gerade weiterarb. Dann am linken Rand für den Armausschnitt 5 wie am Rückenteil abnehmen = 16 M. Nun das Teil bis zur Schulter gegengleich zum linken Vorderteil häkeln.

Ärmel

25 Lm + 3 Lm zum Wenden als Ersatz für das 1. Stb in Pfau anschlagen. Im Strukturmuster häkeln = 26 Stb in 1. R. In der 3. R in die 4. fM 2 Stb häkeln, dann 6x jede 3. M genauso verdoppeln = 33 Stb. Beidseitig für die Schrägungen in der 7., 11. und 13. R je 1 Stb zunehmen = 39 Stb. Nach 9 cm = 16 R ab Anschl beidseitig 1 Markierung anbringen und gerade weiterhäkeln. Nach weiteren 2 cm = 4 R die Arbeit beenden.

Fertigstellen

Nähte schließen, die Ärmelnähte jeweils bis zur Markierung. Den im Tragen rechten Schlitzrand für den Übertritt in Pfau mit 1 R fM überhäkeln. Im Anschluss den Halsausschnittrand mit 1 R Stb in Pfau umhäkeln. Dann fortlaufend den im Tragen linken Schlitzrand für den Untertritt mit 1 R fM und 2 R Stb überhäkeln, dabei jeweils das ganze Abmaschglied erfassen. Nun über die FM-R des Übertritts von innen noch 1 R fM in Jaffa und 1 R in Weiß wie folgt häkeln: * 1 Lm, 1 Stb in 1 fM der Vorr, 1 Lm, 1 Km in die folgende fM der Vorr, ab * fortlaufend bis zum R-Ende wdh. Ärmel einsetzen.

Die 4 Druckknöpfe gleichmäßig verteilt auf Unter- und Übertritt nähen.

Schuhe

Stäbchen

In R und Rd häkeln. Das 1. Stb jeder R bzw. Rd durch 3 Lm ersetzen. Das 1. Stb der 1. R in die 4. Lm ab Nd arb. Das letzte Stb jeder R in die 3. Ersatz-Lm häkeln. Jede Rd mit 1 Km in die 3. Ersatz-Lm schließen.

Stäbchen verdoppeln

In 1 M der Vorrd 2 Stb häkeln (siehe „So wird's gemacht").

Stäbchen zusammen abmaschen

Siehe „So wird's gemacht".

Feste Maschen zusammen abmaschen

Siehe „So wird's gemacht".

Anleitung

An der Sohle beginnen. Dafür Stb in R häkeln und 2 Lm + 3 Lm zum Wenden in Pfau anschl = 3 Stb in 1. R. In der 2. R jedes Stb verdoppeln, also in jedes Stb der Vorr 2 Stb häkeln = 6 Stb. In der 3. R beidseitig 1 Stb zunehmen = 8 Stb. Die 4.-6. R über je 8 Stb häkeln. In der 7. und 8. R beidseitig je 1 Stb abnehmen, dafür das 2. und 3. sowie das zweit- und drittletzte Stb zus abmaschen = 4 Stb. Nun diese 8 R

mit 1 Rd aus 37 fM umhäkeln. Damit ist Sohle beendet.

Jetzt einen Papierschnitt für die Sohle erstellen. Dafür die Häkelsohle auf ein Blatt Papier legen und mit einem Bleistift umfahren. 2 Sohlen aus Moosgummi nach dem Papierschnitt zuschneiden.

Nun die Häkelsohle für den Schuhschaft mit Stb und fM in Rd in Pfau umhäkeln, dabei in rückwärtiger Mitte beginnen und enden. In 1. Rd Stb häkeln, dabei vor und nach dem Stb in vorderer Mitte je 2 Stb zus abmaschen = 35 Stb. In 2. Rd fM arb, dabei vor und nach der fM in vorderer Mitte je 2 fM zus abmaschen = 33 fM. Die 3. Rd wie die 1. Rd ausführen und die Abnahmen wdh = 31 Stb. Dann noch 2 Rd über je 31 Stb häkeln. Für den Umschlag noch 2 R Stb in Weiß anfügen, dabei in vorderer Mitte beginnen und enden und das mittlere Stb frei lassen. Umschlag nach außen umlegen.

Die Sohlen aus Moosgummi mit passendem Nähgarn auf die Häkelsohlen nähen.

Mütze mit Ohrenklappen

Streifenmuster

Je 1 Rd/R Stb in Jaffa und fM in Weiß im Wechsel häkeln. Das 1. Stb jeder R/Rd durch 3 Lm, die 1. fM jeder R/Rd durch 2 Lm ersetzen. Das letzte Stb einer R in die 2. Ersatz-Lm, die letzte fM einer R in die 3. Ersatz-Lm der Vor-R häkeln. Jede Rd mit 1 Km in die 2. bzw. 3. Ersatz-Lm schließen. Beim Farbwechsel die letzte M der letzten R/Rd schon mit der neuen Fb abmaschen, damit ein exakter Farbübergang entsteht (siehe „So wird's gemacht"). Ab 3. Rd in den Stb-Rd * 2 Stb in 1 Einstichstelle häkeln, 1 M der Vorrd/Vorr übergehen, ab * stets wdh.

Feste Maschen verdoppeln

In 1 M der Vorrd 2 fM häkeln (siehe „So wird's gemacht").

Anleitung

Die Mütze oben in der Mitte beginnen und zum unteren Rand hin häkeln. In Jaffa 5 Lm anschl und mit 1 Km zum Ring schließen. Im Streifenmuster häkeln, dabei zunächst in Rd arb.

1. Rd (Jaffa): 17 Stb in den Ring arb.
2. Rd (Weiß): Die M verdoppeln

= 34 fM.
3. Rd (Jaffa): 34 Stb häkeln.
4. Rd (Weiß): FM häkeln, dabei 10x jede 3. M und 2x jede 2. M verdoppeln = 46 fM.
5. Rd (Jaffa): 46 Stb häkeln.
6. Rd (Weiß): FM häkeln, dabei 10x jede 4. M verdoppeln = 56 fM.
7. Rd (Jaffa): 56 Stb häkeln.
8. Rd (Weiß): FM häkeln, dabei 10x jede 5. M verdoppeln = 66 fM.
9. Rd (Jaffa): 66 Stb häkeln.
10. Rd (Weiß): 66 fM häkeln.
11. Rd (Jaffa): Stb häkeln, dabei gleichmäßig verteilt 2 Stb verdoppeln = 68 Stb.
12. Rd (Weiß): FM häkeln, dabei 10x jede 6. M verdoppeln = 78 fM.
13.-18. Rd (Jaffa und Weiß im Wechsel): Über je 78 M Stb und fM wie bisher ohne Zunahmen häkeln.

Nun für die rückwärtige Mützenverlängerung in R im Streifenmuster folgerichtig weiterarb. Dafür den Rd-Übergang in die rückwärtige Mitte verlegen und über je 27 M vor und nach der Mitte Stb in Jaffa häkeln = 54 Stb. Die übrigen 24 M in vorderer Mitte bleiben frei. In jeder 2. R beidseitig 2x je 1 Stb abn = 50 M. Nach 4,5 cm = 8 R ab Beginn der Mützenverlängerung – endet mit 1 weißen R aus fM – beidseitig über je 12 M die Ohrenklappen anhäkeln, dabei mit Stb in Jaffa beginnen. In folgender 2. und 3. R beidseitig je 1 M abnehmen = je 10 M. Zum Schluss noch die Ohrenklappen bis zum vorderen Rand jeweils mit 1 R fM in Weiß umhäkeln.

Handschuhe

Streifenmuster

Siehe Mütze, dabei nur in R arb.

Anleitung

Für eine Handschuhhälfte 11 Lm + 3 Lm zum Wenden in Jaffa anschl. Stb häkeln = 12 M. Dann im Streifenmuster weiterarb, dabei mit 1 Stb-R in Jaffa beginnen und beidseitig je 1 Stb zunehmen = 14 Stb. Für die Form beidseitig in der 7. und 8. R je 1 M abnehmen = 10 Stb in der 8. R. Dann die Arbeit beenden. Die 2. Hälfte genauso häkeln.
Nun beide Teile aufeinanderlegen und 3 Seiten mit fM zuhäkeln, dabei den Anschlrand offen lassen. Den 2. Handschuh genauso häkeln.
Anschließend beide Handschuhe mit einer 42 cm langen Lm-Kette in Jaffa verbinden.

Schal

Reliefmuster

Je 1 R Stb und fM im Wechsel häkeln. Das 1. Stb jeder R durch 3 Lm, die 1. fM jeder R durch 2 Lm ersetzen. Das letzte Stb einer R in die 2. Ersatz-Lm, die letzte fM einer R in die 3. Ersatz-Lm der Vor-R häkeln.

Anleitung

3 Lm + 3 Lm zum Wenden in Jaffa anschl. Im Reliefmuster häkeln = je 4 M pro R. Nach 39 cm = 69 R ab Anschl das Teil beenden. Dann fortlaufend 1 Längsrand mit 1 R fM überhäkeln, dann eine Schlinge aus 7 Lm anhäkeln und anschließend den 2. Längsrand und die letzte R mit fM überhäkeln. Nun den Schneemann-Anhänger arb. Zunächst 1 Kreis für die Kopfvorderseite häkeln. Dafür 5 Lm in Weiß anschl und mit 1 Km zum Ring schließen. In 1. Rd 12 Stb in den Ring häkeln. In 2. Rd wieder Stb arb und jedes Stb verdoppeln = 24 Stb. Jede Rd mit 1 Km schließen. Einen 2. Kreis für die Kopfrückseite genauso häkeln.
Dann einen weißen Kreis für den Körper bis zur 2. Rd wie 1 Kreis für den Kopf häkeln. In der 3. Rd fM arb, dabei jede 3. M verdoppeln = 32 fM.
Für die Schneemann-Mütze 7 Lm + 3 Lm zum Wenden als Ersatz für das 1. Stb in Jaffa anschl. In 1. R das 1. und 2. Stb in die 4. Lm ab Nd häkeln, in die nächsten 4 Lm je 1 fM arb, in die folgende Lm 2 Stb und in die letzte Lm 1 Stb häkeln = 10 M. In der 2. R 10 Stb häkeln. In der 3. R 5x je 2 Stb zus abmaschen, dabei nur mit 2 Lm wenden = 5 M. In der 4. R wie folgt arb: 2 Stb zus abmaschen, dabei nur mit 2 Lm wenden, 1 fM häkeln und wieder 2 Stb zus abmaschen. In der 5. R 3 fM zus abmaschen. Dann für die Schlinge noch 10 Lm anhäkeln, damit durch die

Schlinge am Schal fahren und mit 1 Km an der Mützenspitze anschlingen. Arbeit beenden.
Nun auf die Kopfvorderseite 2 Augen in schwarzem Plattstich und den Mund in rotem Steppstich aufsticken, siehe Modellbild. Für die Nase 5 Lm in Jaffa anschl und mit 1 Km zum Ring schließen. In den Ring 3 Stb häkeln, die Rd mit 1 Km schließen. Nase am Anschlrand aufnähen. Kopfrückseite auf die Vorderseite nähen, dabei den Körperkreis über 5 M mitfassen. Mütze über dem Kopf annähen, siehe Modellbild.

Der Orient lässt grüßen

bunte Kombination

Hose

Streifenstrukturmuster A

Je 1 R Cyclam und Apfel im Wechsel
häkeln, dabei Stb und fM lt. folgender
Anleitung arb. Beim Farbwechsel die
letzte M der einen Fb schon mit der
neuen Fb abmaschen, damit ein exakter Farbübergang entsteht. Nach
der 1. R folgen je 2 Hin- und 2 Rückr
im Wechsel, um an der Stelle weiterhäkeln zu können, wo der benötigte
Faden hängt.

1. R = Rückr (Cyclam): 3 Lm (= 1. Stb),
Stb häkeln.
2. R = Hinr (Apfel): 2 Lm (= 1. fM),
9 fM, Rest Stb häkeln, bei Stb und fM
jeweils nur in die rückwärtige Hälfte
der Abmaschglieder einstechen.
3. R = Hinr (Cyclam): 3 Lm (= 1. Stb),
Stb häkeln, dabei jeweils nur in die
rückwärtige Hälfte der Abmaschglieder einstechen.
4. R = Rückr (Apfel): 3 Lm (= 1. Stb),
zuerst Stb, dann am R-Ende 10 fM häkeln, bei Stb und fM jeweils nur in die
vordere Hälfte der Abmaschglieder
einstechen.
5. R = Rückr (Cyclam): 3 Lm (= 1. Stb),
Stb häkeln, dabei jeweils nur in die
vordere Hälfte der Abmaschglieder
einstechen.
In der Höhe 1x die 1.-5. R häkeln,
dann die 2.-5. R stets wdh.

Streifenstrukturmuster B

Im Prinzip wie Streifenstrukturmuster
A arb.
1. R = Rückr (Cyclam): 3 Lm (= 1. Stb),
Stb häkeln.
2. R = Hinr (Apfel): 3 Lm (= 1. Stb), zuerst Stb, dann am R-Ende 10 fM häkeln, bei Stb und fM jeweils nur in die
rückwärtige Hälfte der Abmaschglieder einstechen.
3. R = Hinr (Cyclam): 3 Lm (= 1. Stb),
Stb häkeln, dabei jeweils nur in die
rückwärtige Hälfte der Abmaschglieder einstechen.
4. R = Rückr (Apfel): 2 Lm (= 1. fM),
9 fM, Rest Stb häkeln, bei Stb und fM
jeweils nur in die vordere Hälfte der
Abmaschglieder einstechen.
5. R = Rückr (Cyclam): 3 Lm (= 1. Stb),
Stb häkeln, dabei jeweils nur in die
vordere Hälfte der Abmaschglieder
einstechen.
In der Höhe 1x die 1.-5. R häkeln,
dann die 2.-5. R stets wdh.

Hinweis: Den Wechsel von fM
zu Stb mit einem Kontrastfaden
markieren.

Anleitung

Die Hose besteht aus 2 vorderen und
2 rückwärtigen Hosenbeinhälften. Alle
Teile quer häkeln, also jeweils mit der
Seitenlänge beginnen. Die fM sind für
die Hosenbeinverengung notwendig.

Linke rückwärtige bzw. rechte vordere Hosenbeinhälfte

47 Lm + 3 Lm als Ersatz für das 1. Stb
in Cyclam anschl. Im Streifenstrukturmuster A häkeln.

1. R: Stb häkeln, dabei das 1. Stb in die
4. Lm ab Nd arb. = 48 M.
2. R: 2 Lm (= 1. fM), 9 fM, 38 Stb häkeln.
3. R: 3 Lm (= 1. Stb), 47 Stb arb.
4. R: 3 Lm (= 1. Stb), 37 Stb, 10 fM häkeln.
5. R: 3 Lm (= 1. Stb), 47 Stb arb.
6. R: 2 Lm (= 1. fM), 9 fM, 38 Stb häkeln.
7. R: 3 Lm (= 1. Stb), 47 Stb arb.
8. R: 3 Lm (= 1. Stb), 37 Stb, 10 fM häkeln.
9. R: 3 Lm (= 1. Stb), 47 Stb arb.
10. R: 2 Lm (= 1. fM), 9 fM, 38 Stb häkeln.
Für die Schrittrundung wie folgt weiterarb, dabei stets darauf achten, dass
das Streifenstrukturmuster folgerichtig weiterläuft:
11. R = Hinr (Cyclam): 3 Lm (= 1. Stb),
31 Stb, 3 fM, 1 Km häkeln.
12. R = Rückr (Apfel): Über der 11. M
in Cyclam mit 1 Km anschlingen, 1 fM,
14 Stb und 10 fM häkeln.
13. R = Rückr (Cyclam): Über der 3. M
in Apfel mit 1 Km anschlingen, 3 Lm
(= 1. Stb), 23 Stb häkeln.
14. R = Hinr (Apfel): 2 Lm (= 1. fM),
9 fM, 14 Stb häkeln.

GRÖSSE
Puppengröße
42 cm - 44 cm

MATERIAL
* Schachenmayr/
  SMC Catania
  (LL 125 m/50 g) in
  Cyclam (Fb 114),
  150 g und Apfel
  (Fb 205), 100 g
* Häkelnadel
  3,0 mm
* 2 Knöpfe, ø 14 mm
* Hutgummi,
  60 cm lang

MASCHEN-PROBE
Mit Nd 3,0 mm
im Streifen-
strukturmuster
25 M und 6 R =
10 cm x 5,5 cm
(Hose)

Mit Nd 3,0 mm im
Lochstrukturmuster
22 M und 12,5 R =
10 cm x 10 cm
(Pullover)

Mit Nd 3,0 mm
im Wellen-
strukturmuster
26 M und 19,5 R =
10 cm x 10 cm
(Weste)

Rechte rückwärtige bzw. linke vordere Hosenbeinhälfte

47 Lm + 3 Lm als Ersatz für das 1. Stb in Cyclam anschl. Im Streifenstrukturmuster B häkeln.

1. R: Stb häkeln, dabei das 1. Stb in die 4. Lm ab Nd arb = 48 M.
2. R: 3 Lm (= 1. Stb), 37 Stb, 10 fM häkeln.
3. R: 3 Lm (= 1. Stb), 47 Stb arb.
4. R: 2 Lm (= 1. fM), 9 fM, 38 Stb häkeln.
5. R: 3 Lm (= 1. Stb), 47 Stb arb.
6. R: 3 Lm (= 1. Stb), 37 Stb, 10 fM häkeln.
7. R: 3 Lm (= 1. Stb), 47 Stb arb.
8. R: 2 Lm (= 1. fM), 9 fM, 38 Stb häkeln.
9. R: 3 Lm (= 1. Stb), 47 Stb arb.
10. R: 3 Lm (= 1. Stb), 37 Stb, 10 fM häkeln.

Für die Schrittrundung wie folgt weiterarb, dabei stets darauf achten, dass das Streifenstrukturmuster folgerichtig weiterläuft:

11. R = Hinr (Cyclam): Mit 1 Km an der 13. M der Vorr anschlingen, 3 fM, 32 Stb häkeln.
12. R = Rückr (Apfel): 2 Lm (= 1. fM), 9 fM, 24 Stb häkeln.
13. R = Rückr (Cyclam): 3 Lm (= 1. Stb), 23 Stb häkeln.
14. R = Hinr (Apfel): 3 Lm (= 1. Stb), 13 Stb, 10 fM häkeln.

Fertigstellen

Linkes rückwärtiges und linkes vorderes Hosenbein links auf links übereinander legen und die Seitennaht schließen. Rechtes rückwärtiges und rechtes vorderes Hosenbein genauso

zusnähen. Nun die inneren Beinnähte jeweils bis zum Ende der letzten R in Apfel schließen. Dann vordere und rückwärtige Mittelnaht in einem Zug schließen. Nun die unteren Hosenbeinränder mit je 1 Rd fM in Cyclam überhäkeln. Den Taillenrand mit je 1 Rd fM und Stb in Cyclam überhäkeln. Jede Rd mit 1 Km schließen. Arbeit beenden. Den Hutgummi in die Stb-Rd in der Taille doppelt einziehen, gut verknoten.

Pullover

Lochstrukturmuster

M-Zahl teilbar durch 5 + 3 M extra + 3 Lm als Ersatz für das 1. Stb.

1. R = Hinr: Stb häkeln, dabei das 1. Stb in die 4. Lm ab Nd arb.
2. R = Rückr: 3 Lm (= 1. Stb), Stb häkeln.
3. R = Hinr: 3 Lm (= 1. Stb), 2 Stb, * 1 M übergehen, 3 M = 1 Stb, 1 Lm und 1 Stb in 1 M der Vorr, 1 M übergehen, 2 Stb, den Rapport ab * stets wdh, 1 M übergehen, 3 M = 1 Stb, 1 Lm und 1 Stb in 1 M der Vorr, 1 M übergehen, enden mit 3 Stb.
4. R = Rückr: 3 Lm (= 1. Stb), Stb häkeln, dabei in jede M und um jede Lm 1 Stb arb.
5. R = Hinr: 3 Lm (= 1. Stb), Stb häkeln.
6. R = Rückr: 3 Lm (= 1. Stb), 2 Stb, * 1 M übergehen, 3 M = 1 Stb, 1 Lm und 1 Stb in 1 M der Vorr, 1 M übergehen, 2 Stb, den Rapport ab * stets wdh, 1 M übergehen, 3 M = 1 Stb, 1 Lm und

1 Stb in 1 M der Vorr, 1 M übergehen, enden mit 3 Stb.

7. R = Hinr: 3 Lm (= 1. Stb), Stb häkeln, dabei in jede M und um jede Lm 1 Stb arb.

In der Höhe die 1.-7. R 1x häkeln, dann die 2.-7. R stets wdh.

Anleitung

Vorderteil

43 Lm + 3 Lm als Ersatz für das 1. Stb in Cyclam anschl. Im Lochstrukturmuster häkeln = 44 M. Nach 8 cm = 10 R ab Anschl beidseitig für die Armausschnitte je 7 M abnehmen, dafür am R-Anfang 7 M mit Km übergehen, am R-Ende 7 M unbehäkelt lassen = 30 M. Nun gerade weiterhäkeln. In 5,5 cm = 7 R Armausschnitthöhe für den Halsausschnitt die mittleren 12 M unbehäkelt lassen und beide Seiten getrennt weiterhäkeln, dabei in 1. R 9 Stb häkeln. Am inneren Rand für die weitere Rundung in folgender R noch 1 M abnehmen, 1 fM und 7 Stb häkeln. In der nächsten Hin-R 3 Lm (= 1. Stb),

5 Stb und 1 fM häkeln. In 3 cm = 4 R Halsausschnitthöhe diese Seite beenden. Die andere Seite gegengleich arb und beenden. Nun über alle M noch 1 R Stb häkeln. Dann über den Schultern je Knopflochschlinge aus je 5 Lm anhäkeln.

Rückenteil

Wie das Vorderteil häkeln, jedoch für den Halsausschnitt erst in 6,5 cm = 8 R Armausschnitthöhe die mittleren 14 M unbehäkelt lassen und beide Seiten getrennt über je 8 M fortsetzen. Am inneren Rand für die weitere Rundung in folgender R noch 1 M abnehmen, 1 fM und 6 Stb häkeln. In 2 cm = 2 R Halsausschnitthöhe diese Seite beenden. Die andere Seite gegengleich arb und beenden. Nun über alle M noch 1 R Stb häkeln. Arbeit beenden.

Ärmel

28 Lm + 3 Lm als Ersatz für das 1. Stb in Cyclam anschl. Im Lochstrukturmuster häkeln = 29 M. Nach 7,5 cm = 9 R ab Anschl beidseitig für die Schrägungen 1 M zunehmen, dann in der folgenden R noch 1x 1 M zunehmen = 33 M. Die zugenommenen M folgerichtig ins Lochstrukturmuster einfügen. Nach 11,5 cm = insgesamt 14 R ab Anschl den Ärmel beenden.

Fertigstellen

Seitennähte schließen. An den Schultern jeweils die letzte Stb-R des Vorderteils über die letzte Stb-R des Rückenteils legen und an den äußeren Rändern zunähen. Ärmelnähte über je 8 cm schließen, den Rest offen lassen. Ärmel einsetzen. Knöpfe jeweils in rückwärtiger Schultermitte annähen.

Weste

Wellenstrukturmuster

Hinweis: Die Km-R nur als Hinr arb.

1. R = Hinr (Apfel): 2 Lm (= 1. fM), 1 Stb, 2 DStb, 1 Stb, 1 fM häkeln, * 1 fM, 1 Stb, 2 DStb, 1 Stb, 1 fM häkeln, den Rapport ab * stets wdh.
2. R = Hinr (Cyclam): Km locker häkeln, dabei jeweils nur in die rückwärtige Hälfte der Abmaschglieder einstechen.
3. R = Rückr (Apfel): 4 Lm (= 1. DStb), 1 Stb, 1 fM häkeln, * 1 fM, 1 Stb, 2 DStb, 1 Stb, 1 fM häkeln, den Rapport ab * stets wdh, enden mit 1 fM, 1 Stb und 1 DStb, dabei bei allen M nur in die vordere Hälfte der Abmaschglieder einstechen.
4. R = Hinr (Cyclam): Km locker häkeln, dabei nur in die rückwärtige Hälfte der Abmaschglieder einstechen.
5. R = Hinr (Apfel): 2 Lm (= 1. fM), 1 Stb, 2 DStb, 1 Stb, 1 fM häkeln, * 1 fM, 1 Stb, 2 DStb, 1 Stb, 1 fM häkeln, den Rapport ab * stets wdh, dabei bei allen M nur in die rückwärtige Hälfte der Abmaschglieder einstechen.
In der Höhe die 1.-5. R 1x häkeln, dann die 2.-5. R stets wdh.

Anleitung

Rückenteil

53 Lm + 2 Lm für die 1. fM in Apfel anschl. Im Wellenstrukturmuster häkeln = 54 M bzw. 9 Rapporte. Nach 4,5 cm = 9 R ab Anschl beidseitig für die Armausschnitte 9 M abnehmen = 36 M bzw. 6 Rapporte. Nun gerade weiterhäkeln. In 6,5 cm = 13 R Armausschnitthöhe für den Halsausschnitt die mittleren 4 Rapporte = 24 M unbehäkelt lassen und beide Seiten getrennt über die restlichen 6 M fortsetzen. Nach je 3 R ist die Schulterhöhe erreicht. Die Arbeit beenden.

Linkes Vorderteil

17 Lm + 2 Lm für die 1. fM in Apfel anschl. Im Wellenstrukturmuster häkeln = 3 Rapporte. Den Armausschnitt am rechten Rand in gleicher Höhe wie am Rückenteil ausführen = 9 M. In 6,5 cm = 13 R Armausschnitthöhe für den Halsausschnitt am linken Rand 3 M abnehmen. Über die restlichen 6 M noch 3 R häkeln. Dann ist die Schulterhöhe erreicht. Die Arbeit beenden.

Rechtes Vorderteil

Gegengleich zum linken Vorderteil häkeln.

Fertigstellen

Schulter- und Seitennähte schließen. Senkrechte Vorderteilränder und senkrechte innere Halsausschnittränder mit je 1 R fM in Apfel umhäkeln. Die Armausschnittränder ringsum mit je 1 Rd fM in Apfel umhäkeln.

GRÖSSE

Puppengröße
42 cm - 44 cm
Kleid ca. 18 cm lang
Kurze Hose
ca. 12 cm lang

MATERIAL

* Schachenmayr/
  SMC Catania
  (LL 125 m/50 g)
  in Weiß (Fb 106),
  150 g
* Häkelnadel
  3,0 mm
* Gummiband, 3 mm
  breit, 30 cm lang
* Knopf, ø 11 mm
* Satinband in Hell-
  blau, 5 mm breit,
  60 cm lang

MASCHEN-PROBE

Mit Nd 3,0 mm
im Reliefmuster
3 Rapporte und 13 R
= 10 cm x 10 cm

Mit Nd 3,0 mm
21 Stb und 7 R =
10 cm x 5 cm

Mit Nd 3,0 mm im
Streifenlochmuster
2 MS und 12 R =
6,5 cm x 10 cm
(kurze Hose)

Zarte Sommerfrische

ausgehfein und schick

Reliefmuster

Über Lm-Anschl arb.

1. R = Hin-R: Stb häkeln, dabei das 1. Stb in die 4. Lm ab Nd arb.

2. R = Rück-R: 3 Wende-Lm (= 1. Stb), 1 Stb, dabei in die vordere Hälfte des Abmaschglieds einstechen, * in die folgende M der Vorr 1 Stb, 2 Lm und 1 Stb häkeln, 4 Stb, dabei jeweils in die vordere Hälfte der Abmaschglieder einstechen, den Rapport ab * stets wdh, enden mit 1 Stb, 2 Lm und 1 Stb in die folgende M der Vorr, 2 Stb häkeln, dabei jeweils in die vordere Hälfte der Abmaschglieder einstechen. Hierbei werden automatisch M für die Form zugenommen.

3. R = Hin-R: 3 Wende-Lm (= 1. Stb), 1 Stb, dabei in die rückwärtige Hälfte des Abmaschglieds einstechen, * um die folgende Lm der Vorr 1 Stb, 2 Lm, 1 Stb häkeln, 4 Stb, dabei jeweils in die rückwärtige Hälfte der Abmaschglieder einstechen, den Rapport ab * stets wdh, enden mit 1 Stb, 2 Lm und 1 Stb um die folgende Lm der Vorr, 2 Stb häkeln, dabei jeweils in die rückwärtige Hälfte der Abmaschglieder einstechen.

4. R = Rück-R: 3 Wende-Lm (= 1. Stb), 1 Stb, dabei in die vordere Hälfte des Abmaschglieds einstechen, * um die folgende Lm der Vorr 1 Stb, 2 Lm, 1 Stb häkeln, 4 Stb, dabei jeweils in die vordere Hälfte der Abmaschglieder einstechen, den Rapport ab * stets wdh, enden mit 1 Stb, 2 Lm und 1 Stb um

die folgende Lm der Vorr, 2 Stb häkeln, dabei jeweils in die vordere Hälfte der Abmaschglieder einstechen.
In der Höhe die 1.-4. R 1x häkeln, dann die 3. und 4. R stets wdh.

Stäbchen

In R häkeln. Das 1. Stb jeder R durch 3 Lm ersetzen. Das letzte Stb jeder R in die 3. Ersatz-Lm häkeln.

Kleid

Hinweis: Zuerst den Rock in 2 Teilen von oben ab Taille nach unten zum Saum hin häkeln. Dann das Oberteil in 3 Teilen jeweils über die Gegenseite des Anschlrands anhäkeln.

Anleitung

Vordere Rockbahn

39 Lm + 3 Lm als Ersatz für das 1. Stb anschl. Im Reliefmuster häkeln = 7 Rapporte. In der 4. R beidseitig 1 Stb zunehmen. So liegen am Anfang und Ende je 3 Stb. Die 5. R über die gleiche M-Anzahl wie die 4. R häkeln. Dann in 6., 8., 10. und 11. R beidseitig noch je 1 Stb zunehmen. So liegen am Anfang und Ende der 11. R je 7 Stb. In 12. und 13. R beidseitig zwischen dem 2. und 3. Stb ab Rand noch je 1 Lm zunehmen. Dann in 14. R folgerichtig über alle M im Reliefmuster häkeln. Die 15. R in fM arb, dabei um die Lm auch je 2 fM häkeln.

Rückwärtige Rockbahn

Wie die vordere Rockbahn häkeln.

Vordere Passe

Über die mittleren 30 M der vorderen Rockbahn in Stb anhäkeln. Nach 5 cm = 7 R ab Passenbeginn für den Halsausschnitt die mittleren 14 Stb unbehäkelt lassen und beide Seiten über je 8 Stb weiterhäkeln. In je 1,5 cm = 2 R Halsausschnitthöhe ist jeweils die Schulterhöhe erreicht. Passe beenden.

Rechte rückwärtige Passe

Über die 6.-20. M der rückwärtigen Rockbahn in Stb anhäkeln. In 6 cm = 8 R Passenhöhe am linken Rand für den Halsausschnitt 7 M abnehmen. Über die restlichen 8 Stb noch 2 R häkeln. Damit ist die Schulterhöhe erreicht. Passe beenden.

Linke rückwärtige Passe

Über die folgenden 15 Stb gegengleich anhäkeln.

Ärmel

Von oben ab Kugelende nach unten zum Rand hin häkeln. Dafür 9 Lm anschl.

1. R: 3 Lm (= 1. Stb), * 2 Stb in 1 Lm, 1 Stb in die folgende Lm, ab * 3x wdh, enden mit 1 Stb in die letzte Lm = 14 Stb.

2. R: 3 Lm (= 1. Stb), in 1 M 1 Stb, 2 Lm, 1 Stb, in die folgenden 2 M je 1 Stb, in 1 M 2 Stb, in 1 M 1 Stb, 2 Lm, 1 Stb, in die folgenden 2 M je 2 Stb, in 1 M 1 Stb, 2 Lm, 1 Stb, in die folgende M

2 Stb, in die folgenden 2 M je 1 Stb, in 1 M 1 Stb, 2 Lm, 1 Stb häkeln, enden mit 1 Stb in die 3. Ersatz-Lm.

Ab 3. R: Im Reliefmuster folgerichtig weiterarb, dabei am R-Anfang und -Ende je 1 Stb, um die Lm der 2. R je 1 Stb, 2 Lm und 1 Stb und dazwischen je 4 Stb häkeln.

4. R: Über die gleiche M-Anzahl wie 3. R häkeln.

5.-8. R: Für die Form beidseitig je 1 M zunehmen = je 5 Stb an R-Anfang und -Ende ab 8. R.

9. R: Über die gleiche M-Anzahl wie 8. R häkeln. Dann den Ärmel beenden.

Fertigstellen
Schulter- und Seitennähte schließen. Die rückwärtigen Schlitzränder und den Halsausschnittrand mit 1 R fM umhäkeln, dabei oben am linken Schlitzrand 1 Knopflochschlinge aus

5 Lm anhäkeln. Ärmel einsetzen, dabei jeweils nur 8 R an die senkrechten Armausschnittränder nähen, die 9. R bleibt jeweils lose und die waagrechten Armausschnittränder bleiben frei. Knopf annähen. 15 cm vom Satinband abschneiden und durch die 1. Passen-R des Vorderteils einziehen, die Enden beidseitig auf die Rückseite umklappen und festnähen. Das restliche Satinband halbieren und zu 2 Schleifchen legen, lt. Modellbild aufnähen.

Kurze Hose

Streifenlochmuster

Über Lm-Anschl arb.

Hinweis: Bei den Stb jeweils das ganze Abmaschglied erfassen.

1. R = Hinr: Stb häkeln, dabei das 1. Stb in die 4. Lm ab Nd arb.

2. R = Rückr: 3 Lm (= 1. Stb), Stb häkeln.

3. R = Hinr: 3 Lm (= 1. Stb), * 2 Stb, 1 M übergehen, in die folgende M der Vorr 1 Stb, 2 Lm, 1 Stb häkeln, 2 Stb arb, ab * stets wdh, mit 1 Stb enden. Hierbei werden durch die Lm automatisch M für die notwendige Weite zugenommen.

4. R = Rückr: 3 Lm (= 1. Stb), * 2 Stb, um die Lm der Vorr 1 Stb, 2 Lm, 1 Stb häkeln, 2 Stb arb, ab * stets wdh, mit 1 Stb enden.
In der Höhe die 1.-4. R 1x häkeln, dann die 3. und 4. R stets wdh.

Anleitung

Hinweis: In der Taille beginnen.

1. Hosenhälfte

43 Lm + 3 Lm als Ersatz für das 1. Stb anschl. Im Streifenlochmuster häkeln = 44 Stb in 1. R. Nach 9,5 cm = 11 R ab Anschl beidseitig für die Schrittrundungen in jeder folgenden R 2x je 1 Stb zunehmen und 1x 1 Stb abnehmen. Nach 11,5 cm = 14 R ab Anschl das Teil beenden.

2. Hosenhälfte

Wie die 1. Hälfte häkeln.

Fertigstellen

Vordere und rückwärtige Mittelnaht und kurze innere Beinnähte schließen. Beinränder mit je 1 Rd wie folgt umhäkeln, dabei jeweils ab Naht beginnen: * 1 Km, 1 M übergehen, 1 Stb, 2 Lm und 1 Stb in 1 M arb, 1 M übergehen, ab * 10x bis zum Rd-Ende wdh, Rd mit 1 Km schließen. Gummiband in Taillenhöhe in die 2. Stb-R einziehen, Enden zusnähen.

Einfach lässig

cooles Outfit zum Spielen

GRÖSSE
Puppengröße 42 cm - 44 cm
Hose mit Latz ca. 24 cm lang
Kappe für Kopfumfang
ca. 29 cm

MATERIAL
* Schachenmayr/SMC
  Catania (LL 125 m/50 g)
  in Hellblau (Fb 173) und
  Natur (Fb 105), je 100 g
* Häkelnadel 3,0 mm
* 6 Hemdenknöpfe,
  ø 11 mm
* feste Vlieseline, 10 cm x
  4 cm

MASCHENPROBE
Mit Nd 3,0 mm
im Streifenmuster
24 M und 17 R
= 10 cm x 10 cm (Hose)

Mit Nd 3,0 mm
22 Stb und 13 R/Rd =
10 cm x 10 cm (Kappe)

Mit Nd 3,0 mm
im Lochmuster
25 M und 6 R =
10 cm x 5 cm (Bluse)

Streifenmuster

Über einen Lm-Anschl arb.

1. R = Rückr (Natur): 2 Lm (= 1. fM), fM
häkeln, dabei die 1. fM in die 3. Lm ab Nd
arb.
2. R = Hinr (Hellblau): 3 Lm (= 1. Stb), Stb
häkeln, dabei jeweils nur in die rückwärtige Hälfte der Abmaschglieder einstechen.
3. R = Hinr (Natur): 2 Lm (= 1. fM), fM häkeln.
4. R = Rückr (Hellblau): 3 Lm (= 1. Stb),
Stb häkeln.
5. R = Hinr (Natur): 2 Lm (= 1. fM), fM häkeln.
6. R = Hinr (Hellblau): 3 Lm (= 1. Stb), Stb
häkeln.

Hinweis: Die FM-R stets mit neuem
Faden beginnen.

In der Höhe die 1.-6. R 1x arb, dann die
3.-6. R stets wdh.

Latzhose

1. Hosenbein

31 Lm + 2 Lm als Ersatz für die 1. fM in
Natur anschl. Im Streifenmuster häkeln
= 32 fM in 1. R. Für die Form in der 4. R in
die 3. M, dann 13x in jede 2. M 2 Stb häkeln = 46 Stb. Nun gerade weiterhäkeln.
Nach 10,5 cm = 18 R ab Anschl – endet
mit 1 R Stb in Hellblau – die Arbeit ruhen
lassen.

2. Hosenbein

Wie 1. Hosenbein häkeln.
Nun über beide Teile im Zusammenhang
in R weiterhäkeln. Zunächst über das linke, dann über das rechte Hosenbein arb
= 92 fM. Das Streifenmuster gerade fortsetzen. Nach 10,5 cm = 18 R ab Zufügen
der Beine noch 4 R fM in Hellblau häkeln,
dabei in 1., 2. und 3. R gleichmäßig verteilt je 4 M abnehmen = 80 fM.
Nun für den Latz über die mittleren 20 M
noch 7 R fM in Hellblau häkeln, dabei in
2., 4. und 6. R beidseitig je 1 M abnehmen
= 14 M. Dann den gesamten oberen Rand
einschließlich Latz mit 1 R fM in Hellblau
überhäkeln. Danach die Arbeit beenden.

Fertigstellen

Nun das Teil um 180° drehen und eine
Rüsche in Hellblau anhäkeln. Dafür mit
1 Km an der letzten fM der 1. FM-R anschlingen. Dann diese R mit kleinen Bogen überhäkeln, dafür * 2 Lm, 2 DStb,
2 Lm und 1 Km 3x über je 2 fM und 1x
über 3 fM häkeln, ab * noch 9x wdh. Innere Beinnähte, dafür die Hosenbeine so
zulegen, dass sich die offenen Beinnähte
innen gegenüber liegen und fortlaufend
die rückwärtige Mittelnaht schließen. Nun
für 1 Träger 39 Lm + 2 Lm als Ersatz für
die 1. fM in Hellblau anschl. Dann 39 fM
häkeln, 5 Lm für die Knopflochschlinge
einfügen und die Gegenseite des Anschl
mit 40 fM behäkeln. Träger beenden. Den
2. Träger in Natur genauso häkeln. Den
hellblauen Träger links, den naturfarbenen Träger rechts innen am Latz annähen,
siehe Modellbild. Je 1 Blümchen in Hellblau und Natur wie folgt häkeln: 7 Lm mit
1 Km zum Ring schließen. Um den Ring
5 Blütenblätter arb, dafür * 2 Lm, 1 DStb,
1 Lm und 1 Km häkeln, ab * 4x wdh. Das

Blümchen in Natur über dem hellblauen, das hellblaue Blümchen über dem naturfarbenen Träger annähen. Darüber je Knopf als Blütenmitte annähen. Die übrigen 2 Knöpfe mit je 3,5 cm Abstand zur rückwärtigen Mitte am oberen Hosenrand annähen.

Bluse

Lochmuster

Lm-Anschl teilbar durch 3 + 1 Lm extra + 2 Lm zum Wenden als Ersatz für die 1. fM.
1. R = Rückr: FM häkeln, dabei die 1. fM in die 3. Lm ab Nd arb.
2. R = Hinr: 3 Lm (= 1. Stb), * 1 fM übergehen, 3 M = 1 Stb, 1 Lm und 1 Stb in 1 fM häkeln, 1 fM übergehen, den Rapport ab * stets wdh, 1 Stb in die letzte M häkeln.
3. R = Rückr: 3 Lm (= 1. Stb), * 3 M = 1 Stb, 1 Lm und 1 Stb um die Lm der Vorr häkeln, den Rapport ab * stets wdh, mit 1 Stb in die letzte M enden.
4. R = Rückr: 3 Lm (= 1. Stb), * 3 M = 1 Stb, 1 Lm und 1 Stb um die Lm der Vorr häkeln, den Rapport ab * stets wdh, mit 1 Stb in die letzte M enden.
In der Höhe die 1.-4. R arb, dann die 3. und 4. R stets wdh.

Anleitung

Vorderteil

43 Lm + 2 Lm zum Wenden als Ersatz für die 1. fM in Natur anschl. Im Lochmuster häkeln = 44 M. Nach 3,5 cm

= 5 R ab Anschl beidseitig für die Armausschnitte je 6 M abnehmen, dafür am R-Anfang die M mit Km übergehen, am R-Ende unbehäkelt stehen lassen = 32 M. Nun gerade weiterhäkeln. In 4 cm = 5 R Armausschnitthöhe für den Halsausschnitt die mittleren 18 M unbehäkelt lassen und beidseitig über je 7 M getrennt weiterarb. In je 2,5 cm = 3 R Halsausschnitthöhe ist jeweils die Schulterhöhe erreicht. Arbeit beenden.

Rechtes Rückenteil

22 Lm + 2 Lm zum Wenden als Ersatz für die 1. fM in Natur anschl. Im Lochmuster häkeln = 23 M. Den Armausschnitt am rechten Rand in gleicher Höhe wie am Vorderteil ausführen = 17 M. Gerade weiterhäkeln. In 5 cm = 6 R Armausschnitthöhe für den Halsausschnitt am linken Rand 10 M unbehäkelt lassen und über die restlichen 7 M noch 2 R häkeln. Damit ist die Schulterhöhe erreicht. Arbeit beenden.

Linkes Rückenteil

Gegengleich zum rechten Rückenteil arb.

Fertigstellen

Schulter- und Seitennähte schließen. Die senkrechten Rückenteilränder und den gesamten Halsausschnittrand mit 1 R fM in Natur umhäkeln. Über den senkrechten Rand des rechten Rückenteils noch eine 2. R fM häkeln, dabei am oberen Rand und mit 2,5 cm

Abstand darunter je Knopflochöse aus je 4 Lm einhäkeln. Nun die Armausschnittränder noch mit je 1 Rd fM in Natur umhäkeln. Für die kleinen Rüschen jeweils 2,5 cm vor der Schulternaht in Natur mit 1 Km anschlingen, 1 fM, 1 Stb häkeln, dann 6x je 2 Stb in 1 M der Vorr arb, mit 1 Stb, 1fM und 1 KM enden. Knöpfe so annähen, dass sich die Rückenteile ca. 2 cm überlappen.

Kappe mit Schild

Anleitung

Die Kappe bis zur 11. Rd in Stb wie die Schildkappe in Royal auf Seite 27 häkeln.

Schild (2x häkeln)

24 Lm + 3 Lm als Ersatz für das 1. Stb in Natur anschl. Stb in R häkeln, dabei das 1. Stb in die 4. Lm ab Nd arb = 25 Stb. In 2. R beidseitig je 1 M, in 3. R beidseitig je 2 M abnehmen = 19 Stb. Nun diese 3 R ohne Anschlrand mit 1 R fM umhäkeln.
Die feste Vlieseline nach den Häkelteilen als flacher Halbkreis zuschneiden. Beide Schildteile mit fM in Natur ringsum zuhäkeln, dabei die Vlieseline dazwischenschieben. Den Schild lt. Modellbild an die Kappe nähen.

Für kleine Montagsmaler

gestreifte Leggings mit Mantel

GRÖSSE
Puppengröße 42 cm - 44 cm
Leggings ca. 18,5 cm lang
Kappe für Kopfumfang ca.
29 cm

MATERIAL
* Schachenmayr/SMC
  Catania (LL 125 m/50 g)
  in Royal (Fb 201), 150 g,
  Weiß (Fb 106) und Jaffa
  (Fb 189), je 50 g

* Häkelnadel 3,0 mm

* 3 Knöpfe in Orange,
  ø 15 mm

* Moosgummi in Schwarz,
  8 cm x 8 cm

* feste Vlieseline, 10 cm x
  4 cm

* Hutgummi, ca. 55 cm
  lang

MASCHENPROBE
Mit Nd 3,0 mm
22 Stb und 13 R
= 10 cm x 10 cm

Mit Nd 3,0 mm
im Streifenmuster
22 Stb und 13 R =
10 cm x 10 cm (Leggings)

Mit Nd 3,0 mm
22 Stb und 13 R/Rd =
10 cm x 10 cm (Kappe)

Stäbchen

In R und Rd häkeln. Das 1. Stb jeder R bzw. Rd durch 3 Lm ersetzen. Das 1. Stb der 1. R in die 4. Lm ab Nd arb. Das letzte Stb jeder R in die 3. Ersatz-Lm häkeln. Jede Rd mit 1 Km in die 3. Ersatz-Lm schließen.

Stäbchen verdoppeln

In 1 M der Vorrd 2 Stb häkeln (siehe „So wird's gemacht").

Stäbchen zusammen abmaschen

Siehe „So wird's gemacht".

Mantel

Hinweis: Rückenteil und Vorderteile von oben nach unten, also ab Halsausschnitt zum Saum hin häkeln.

Rückenteil

37 Lm + 3 Lm als Ersatz für das 1. Stb in Royal anschl. 7 R Stb und 1R fM häkeln = je 38 M. Ab 9. R ab Anschl wieder Stb häkeln, dabei in 9. R jeweils nur in die rückwärtige Hälfte der Abmaschglieder der fM der Vorr einstechen und gleichzeitig beidseitig für die Schrägungen 1 Stb zunehmen, dann in jeder 2. R noch 8x je 1 Stb zunehmen = 56 Stb. Nach 14 cm = 18 R ab 1. Zunahme das Teil beenden. Nun das Teil um 180° drehen und für die Schulterhöhe beidseitig über je 10 M des Anschl noch je 2 R Stb häkeln.

Linkes Vorderteil

14 Lm + 3 Lm als Ersatz für das 1. Stb in Royal anschl. 6 R Stb und 1R fM häkeln = je 15 M. Ab 8. R ab Anschl wieder Stb häkeln, dabei in 8. R jeweils nur in die rückwärtige Hälfte der Abmaschglieder der fM der Vorr einstechen und gleichzeitig am linken Arbeitsrand für die Schrägung 1 Stb zunehmen, dann in jeder 2. R noch 8x je 1 Stb zunehmen = 24 Stb. Nach 14 cm = 18 R ab 1. Zunahme das Teil beenden. Nun das Teil um 180° drehen und für die Schulterhöhe am rechten Arbeitsrand über 10 M des Anschl noch 3 R Stb häkeln. So ist die Schulternaht später etwas nach hinten verlagert.

Rechtes Vorderteil

Gegengleich zum linken Vorderteil arb.

Ärmel

30 Lm + 2 Lm als Ersatz für die 1. fM in Royal anschl. 1. R = Rück-R fM, dann nur noch Stb häkeln, dabei in 1. Stb-R jeweils nur in die rückwärtige Hälfte der Abmaschglieder der fM der Vorr einstechen = 31 M. Beidseitig für die Schrägungen in der 8. und 10. R je 1 Stb zunehmen = 35 Stb. Nach 10,5 cm = 14 R ab Anschl den Ärmel beenden.

Tasche (2x häkeln)

Von oben nach unten häkeln. 9 Lm + 3 Lm als Ersatz für das 1. Stb in Royal anschl. Stb häkeln = 10 Stb pro R. Nach 4,5 cm = 6 R ab Anschl die Tasche ringsum mit je 1 Rd fM in Royal und Weiß umhäkeln.

Fertigstellen

Taschen lt. Modellbild auf die Vorderteile nähen, dabei jeweils die obere äußere Ecke nach unten umklappen und etwas festnähen. Nähte schließen, dabei die Seitennähte jeweils ab FM-R für die Armausschnitte offen lassen. Die senkrechten Vorderteilränder mit 1 R fM und den Halsausschnittrand mit je 1 R fM und Stb jeweils in Royal überhäkeln. Dann für die Verschlussblende den Rand des linken Vorderteils mit 1 R Kreuz-Stb in Weiß überhäkeln, dafür mit 1 Km anschlingen, 3 Lm als Ersatz für das 1. Stb häkeln, das * nächste Stb in die folgende 2. M arb, 1 Stb zurück in die übergangene M häkeln, ab * stets wdh, mit 1 Stb in die letzte M enden. Danach noch 2 R Stb in Royal häkeln, dabei mit der 1. R ab Halsausschnittrand beginnen und am Ende der 2. R fortlaufend die obere Blendenschmalseite mit 1 R fM in Royal überhäkeln. Nun das rechte Vorderteil gegengleich überhäkeln, dabei nach der letzten R noch zusätzlich 3 Knopflochschlingen wie folgt anhäkeln: Nach 7,5 cm ab unterem Rand mit 1 Km anschlingen, 2 fM, 5 Lm häkeln, 2 Stb übergehen, 7 fM, 5 Lm häkeln, 2 Stb übergehen, 10 fM, 5 Lm häkeln, mit 1 fM und 1 Km enden. Ärmel einsetzen. Knöpfe annähen.

Leggings

Streifenmuster

Stb in Streifen häkeln, dabei nach jeder R die Farbe wechseln. Dafür nach der 1. Hinr je 2 Rück- und 2 Hinr im Wechsel arb, damit man stets an der Stelle weiterhäkeln kann, an der der notwendige Faden hängt. Farbwechsel siehe „So wird's gemacht".

Anleitung

1. Hosenbein

31 Lm + 3 Lm als Ersatz für das 1. Stb in Jaffa anschl. Im Streifenmuster häkeln = 32 Stb in 1. R. Für die Form beidseitig in der 3., 6., 10. und 11. R ab Anschl je 1 Stb zunehmen = 40 Stb. Nach 8,5 cm = 11 R ab Anschl die Arbeit ruhen lassen.

2. Hosenbein

Wie 1. Hosenbein häkeln.
Nun über beide Teile Stb im Zushang in R weiterhäkeln = 80 Stb. Im Streifenmuster folgerichtig weiterhäkeln. Nach 9 cm = 12 R ab Zufügen der Beine – endet mit Stb in Jaffa – noch 1 R fM in Jaffa häkeln. Arbeit beenden. Nun die offenen Nahtränder der Beine und des oberen Hosenteils mit je 1 R fM in Weiß überhäkeln. Dann die Arbeit beenden.

Fertigstellen

Innere Beinnähte, dafür die Hosenbeine so zuslegen, dass sich die offenen Beinnähte innen gegenüber liegen und fortlaufend die rückwärtige Mittelnaht schließen. Hutgummi in die vorletzte Stb-R doppelt einziehen und gut verknoten.

Schuhe

Anleitung

An der Sohle beginnen. Stb in R häkeln. Dafür 2 Lm + 3 Lm zum Wenden in Royal anschl = 3 Stb in 1. R. In der 2. R jedes Stb verdoppeln, also in jedes Stb der Vorr 2 Stb häkeln = 6 Stb. In der 3. R beidseitig 1 Stb zunehmen = 8 Stb. Die 4.-6. R über je 8 Stb häkeln. In der 7. und 8. R beidseitig je 1 Stb abnehmen, dafür das 2. und 3. sowie das zweit- und drittletzte Stb zus abmaschen = 4 Stb. Nun diese 8 R mit 1 Rd aus 37 fM umhäkeln. Damit ist die Sohle beendet.
Jetzt einen Papierschnitt für die Sohle erstellen. Dafür die Häkelsohle auf ein Blatt Papier legen und mit einem Bleistift umfahren. 2 Sohlen aus Moosgummi nach dem Papierschnitt zuschneiden.
Nun die Häkelsohle für den Schuhschaft mit Stb und fM in Rd in Royal umhäkeln, dabei in rückwärtiger Mitte beginnen und enden. In 1. Rd Stb häkeln, dabei vor und nach dem Stb in vorderer Mitte je 2 Stb zus abmaschen = 35 Stb. In 2. Rd fM arb, dabei vor und nach der fM in vorderer Mitte je 2 fM zus abmaschen = 33 fM. Die 3. und 4. Rd wie die 1. Rd ausführen und

die Abnahmen wdh = 29 Stb. Dann noch 1 Rd über 29 fM häkeln. Für den Umschlag 1 Rd fM in Weiß häkeln. Dann noch 2 R Stb in Weiß anfügen, dabei in vorderer Mitte beginnen und enden und die mittlere fM frei lassen. Umschlag nach außen umlegen. Die Sohlen aus Moosgummi mit passendem Nähgarn auf die Häkelsohlen nähen. Für die Schleife 20 Lm in Jaffa häkeln und entsprechend in vorderer Mitte annähen, siehe Modellbild.

Kappe mit Schild

Anleitung

Die Kappe oben in der Mitte beginnen und zum unteren Rand hin häkeln. In Royal 7 Lm anschl und mit 1 Km zum Ring schließen. Stb in Rd häkeln, dabei das 1. Stb jeder Rd durch 3 Lm ersetzen. Jede Rd mit 1 Km schließen.

1. Rd: 17 Stb in den Ring arb.

2. Rd: Die M verdoppeln = 34 Stb.

3. Rd: Jedes 3. Stb verdoppeln = 45 Stb.

4. Rd: Jedes 4. Stb verdoppeln = 56 Stb.

5. Rd: Jedes 5. Stb verdoppeln = 67 Stb.

6. Rd: Jedes 8. Stb verdoppeln = 75 Stb.

7.-12. Rd: Ohne Zunahmen über je 75 Stb häkeln.

Nun mit doppeltem weißem Faden 4 Ziernähte im Steppstich auf die Kappe sticken, dabei das Teil genau vier-teln, jeweils ab Mitte der Kappe beginnen und bis zum Rand sticken.

Schild (2x häkeln)

24 Lm + 3 Lm als Ersatz für das 1. Stb in Royal anschl. Stb in R häkeln = 25 Stb. In 2. R beidseitig je 1 M, in 3. R beidseitig je 2 M abnehmen = 19 Stb, dafür je 2 Stb zus abmaschen. In der 4. R beidseitig je 4 M abnehmen, dafür beidseitig die R mit Km und fM ausgleichen = 11 M.

Die feste Vlieseline nach den Häkelteilen als Halbkreis zuschneiden. Beide Schildteile mit fM in Royal ringsum zushäkeln, dabei die Vlieseline dazwischenschieben. Den Schild lt. Modellbild an die Kappe nähen.

Prima Ballerina

für den perfekten Auftritt

Muschelmuster

Lm-Anschl teilbar durch 5 + 1 Lm extra + 3 Lm zum Wenden als Ersatz für das 1. Stb.

1. R: 3 Wende-Lm (= 1. Stb), 2 Lm übergehen, * in die folgende Lm 2 Stb, 1 Lm, 2 Stb häkeln, 4 Lm übergehen, ab * stets wdh, enden mit 2 Stb, 1 Lm, 2 Stb in 1 Lm, 2 Lm übergehen, 1 Stb in die letzte Lm häkeln.

2. R: 3 Wende-Lm (= 1. Stb), * 2 Stb, 1 Lm, 2 Stb um die folgende Lm häkeln, ab * stets wdh, enden mit 1 Stb in die 3. Wende-Lm.

In der Höhe die 1. und 2. R 1x häkeln, dann die 2. R stets wdh.

Body

Anleitung

Zunächst das Oberteil häkeln. Danach das Höschen über die Gegenseite des Anschl anhäkeln.

Vorderteil

61 Lm + 3 Lm zum Wenden als Ersatz für das 1. Stb in Flieder anschl. Im Muschelmuster häkeln = 12 Rapporte bzw. 62 M. Nach 8 cm = 12 R ab Anschl beidseitig für die Armausschnitte 10 M abnehmen, dafür am R-Anfang 2 Rapporte mit Km übergehen, am R-Ende 2 Rapporte unbehäkelt stehen lassen = 8 Rapporte bzw. 42 M. Dann gerade weiterarb. In 4 cm = 6 R Armausschnitthöhe für den Halsausschnitt die mittleren 4 Rapporte = 20 M unbehäkelt lassen und beide Seiten über je 2 Rap-

porte bzw. 11 M getrennt fortsetzen. Am inneren Rand für die Schrägung in jeder folgenden R 4x je 1 M abnehmen = 1 Rapport bzw. 7 M. In 3,5 cm = 5 R Halsausschnitthöhe ist die Schulterhöhe erreicht. Die andere Seite gegengleich beenden.

Rechtes Rückenteil

26 Lm + 3 Lm zum Wenden als Ersatz für das 1. Stb in Flieder anschl. Im Muschelmuster häkeln = 5 Rapporte bzw. 27 M. Den Armausschnitt am rechten Rand in gleicher Höhe wie am Vorderteil arb, jedoch nur 9 M abnehmen und gerade weiterhäkeln. In 6 cm = 9 R Armausschnitthöhe am linken Rand für den Halsausschnitt 9 M abnehmen, in der folgenden R noch 1 M abnehmen = 8 M. In 1,5 cm = 2 R Halsausschnitthöhe ist die Schulterhöhe erreicht. Die Arbeit beenden.

Linkes Rückenteil

Gegengleich zum rechten Rückenteil arb.

Die rückwärtige Mittelnaht über 3,5 cm ab Anschlrand schließen. Nun das rückwärtige Hosenteil über die Gegenseite des Anschl über die mittleren 8 Rapporte im Muschelmuster in Flieder anhäkeln, dafür mit 1 Km an der 6. Lm anschlingen, mit dem letzten Stb gegengleich enden = 42 M. Für die Form beidseitig in jeder folgenden R 7x je 2 M und 1x 1 M abnehmen = 12 M. Nach 6 cm = 9 R ab Beginn des Hosenteils die Arbeit beenden.

Nun das vordere Hosenteil über die Gegenseite des Anschl des Vorderteils über die mittleren 6 Rapporte im Muschelmuster in Flieder anhäkeln, dafür mit 1 Km an der 11. Lm anschlingen, mit dem letzten Stb gegengleich enden = 32 M. Für die Form beidseitig in jeder folgenden R 1x 3 M, 1x 2 M und 5x je 1 M abnehmen. Dann noch 2 R über die restlichen 12 M häkeln. Nach insgesamt 6,5 cm = 10 R ab Beginn des Hosenteils die Arbeit beenden.

Fertigstellen

Schulter-, Seitennähte und Schrittnaht schließen. Die rückwärtigen Verschlussränder und den Halsausschnittrand mit 1 R fM in Flieder umhäkeln, über den rechten Verschlussrand noch 1 R fM häkeln, dabei 2 Knopflochösen aus je 5 Lm einarb, dabei die untere Öse mit 3,5 cm Abstand zum Schlitzbeginn, die obere Öse am oberen Rand anordnen, mit den Lm je 3 fM übergehen. Knöpfe annähen. Den Halsausschnitt mit Silbergarn im Schlingstich umstechen. Die Beinausschnitte in Flieder mit je 1 Rd aus 66 fM und 1 Rd aus Bogen wie folgt umhäkeln: * 1 Km, 1 fM, 1 Stb, 1 DStb, 1 Stb, 1 fM, ab * 10x wdh. Beide Rd mit je 1 Km schließen. Dann die Armausschnitte mit je 1 Rd fM in Flieder und Silber umhäkeln. Für die Armausschnittrüschen mit Silbergarn über je 6 cm im Schulterbereich wie folgt häkeln: mit 1 Km anschlingen, 1 fM häkeln, 2x je 3 Stb, 7x je

GRÖSSE
Puppengröße
42 cm - 44 cm

MATERIAL
* Schachenmayr/
  SMC Catania fein
  (LL 165 m/50 g) in
  Flieder (Fb 1017),
  100 g
* Häkelnadel 2,0 mm
* Rest Silbergarn
  Anchor Artiste
  Metallic (LL 100 m/
  25 g)
* Moosgummi in
  Beige, 10 cm x 8 cm
* Feder in Weiß
* kleine Perlen in
  Dunkellila zum
  Aufnähen, ø 3 mm
* Satinband in Lila,
  3 mm breit,
  180 cm lang
* 2 Knöpfe, ø 10 mm
* Druckknopf
* Tüll in Lila, 70 cm

**MASCHEN-
PROBE**
Mit Nd 2,0 mm im
Muschelmuster
35 M = 7 Rapporte
und 15 R
= 9,5 cm x 10 cm

2 DStb und 2x je 3 Stb jeweils in 1 Einstichstelle arb, mit 1 fM enden. Über den Rüschenrändern gleichmäßig verteilt je 7 Perlen annähen, siehe Modellbild.

Tüllrock

4 Bahnen à 100 cm x 17 cm aus Tüll zuschneiden. Jede Bahn der Länge nach zur Hälfte falten. Alle 4 Bahnen übereinander legen und jeweils an den offenen Kanten zusstecken, mit großen Heftstichen zusnähen. Einreihen, dabei auf 38 cm zuziehen. Fäden gut verknoten. Den rechten Rand des Tüllrocks ca. 1,5 cm nach innen umklappen und feststeppen.
Für den Taillenbund in Flieder 141 Lm + 2 Lm zum Wenden als Ersatz für die 1. fM anschl. 1 R fM, dann noch 2 R im Muschelmuster häkeln = je 28 Rapporte. Arbeit beenden. Bundränder ringsum mit Silbergarn im Schlingstich umstechen. In jede Rapportmitte

26x je 1 Perle aufnähen, die letzten 2 Rapporte frei lassen. Nun den Bund an den Tüllrock nähen, die Rapporte ohne Perle als Untertritt verwenden, dabei den Druckknopf entsprechend annähen.

Ballettschuhe

An der Sohle beginnen. Stb in R häkeln. Dafür 4 Lm + 3 Lm zum Wenden als Ersatz für das 1. Stb in Flieder anschl. In 1. R 6 Stb häkeln, dabei in die 5. Lm ab Nd 2 Stb arb. In der 2. R die 4 mittleren Stb verdoppeln, also in diese Stb der Vorr je 2 Stb häkeln = 10 Stb. Die 3.-7. R über je 10 Stb häkeln. In der 8. R beidseitig je 1 Stb abnehmen, dafür das 2. und 3. sowie das zweit- und drittletzte Stb zus abmaschen = 8 Stb. Die 9. R über 8 Stb häkeln. In der 10. R beidseitig je 1 Stb abnehmen = 6 Stb. Nun diese 10 R mit 2 Rd aus je 50 fM umhäkeln, dabei in 1. Rd über der Spitze 3x je 2 fM jeweils in 1 Einstichstelle arb. Damit ist die Sohle beendet.
Jetzt einen Papierschnitt für die Sohle erstellen. Dafür die Häkelsohle auf ein Blatt Papier legen und mit einem Bleistift umfahren. 2 Sohlen aus Moosgummi nach dem Papierschnitt zuschneiden.
Nun die Häkelsohle für den Schuhschaft mit Stb und fM in Rd in Flieder umhäkeln, dabei in rückwärtiger Mitte beginnen und enden. In 1. und 2. Rd Stb häkeln, dabei in 2. Rd in vorderer

Mitte 4x je 2 Stb zus abmaschen = 46 Stb. Dann noch 1 Rd fM arb, dabei in vorderer Mitte jedoch 4 Stb statt 4 fM häkeln und davon je 2 Stb zus abmaschen = 44 M. Den Schaft beenden. Die Sohlen aus Moosgummi mit passendem Nähgarn auf die Häkelsohlen nähen. Oberen Schuhrand jeweils mit Silbergarn im Schlingstich umstechen. Jeweils 3 kleine Perlen in vorderer Mitte aufnähen. Satinband halbieren und jeweils mittig in rückwärtiger Schuhmitte annähen. Lt. Modellbild schnüren.

Stirnband

In Flieder 116 Lm + 2 Lm zum Wenden als Ersatz für die 1. fM anschl. 1 R fM, dann noch 2 R im Muschelmuster häkeln = je 23 Rapporte. Arbeit beenden. Längsränder des Bands mit Silbergarn im Schlingstich umstechen. Schmalseiten zusnähen = rückwärtige Mitte. 3 Perlen und Feder in vorderer Mitte annähen, siehe Modellbild.

Auf Rosen gebettet

zart umwickelt

GRÖSSE
Puppengröße 42 cm - 44 cm

MATERIAL
WICKELJACKE
* Schachenmayr/SMC
  Catania (LL 125 m/50 g)
  in Rosa (Fb 246), 100 g
* Häkelnadel 3,0 mm
* Spitze in Weiß, 3 cm breit,
  100 cm lang
* Satinband in Weiß,
  6 mm breit, 85 cm lang
* Druckknopf

HOSE
* Schachenmayr/SMC
  Catania (LL 125 m/50 g)
  in Weiß (Fb 106), 50 g
* Häkelnadel 3,0 mm
* Hutgummi in Weiß,
  60 cm lang

MASCHENPROBE
Mit Nd 3,0 mm
im Muschelmuster
5 Muscheln =
25 M und 17 R =
10 cm x 10 cm

Mit Nd 3,0 mm
im Reliefmuster
2 Rapporte und 7 R =
6 cm x 5 cm (Hose)

Muschelmuster

Lm-Anschl teilbar durch 5 + 1 Lm extra +
2 Lm zum Wenden als Ersatz für die 1. fM.
1. R = Rückr: FM häkeln, dabei die 1. fM
in die 3. Lm ab Nd arb.
2. R = Hinr: 3 Lm (= 1. Stb), * 1 Lm, 1 Stb,
ab * fortlaufend wdh.
3. R = Rückr: 2 Lm (= 1. fM), dann je 1 fM
in jedes Stb und um jede Lm häkeln.
4. R = Hinr: 3 Lm (= 1. Stb), in die folgende 3. fM 5 Stb, dann in jede 5. fM 5 Stb häkeln, dabei jeweils nur in die rückwärtige
Hälfte der Abmaschglieder einstechen,
mit 1 Stb in die folgende 3. = letzte fM
enden.
5. R = Rückr: 2 Lm (= 1. fM), dann je 1 fM
in jedes Stb häkeln.
In der Höhe die 1.-5. R 1x häkeln, dann
die 4. und 5. R stets wdh.

Maschen abnehmen

Dafür am R-Anfang die M mit Km übergehen, am R-Ende unbehäkelt stehen lassen.

Wickeljacke

Rückenteil
41 Lm + 2 Lm zum Wenden anschl. Im
Muschelmuster häkeln = 42 fM in 1. R
bzw. 8 Muscheln in 4. R. Nach 6,5 cm
= 11 R ab Anschl beidseitig für die Armausschnitte 3 M abnehmen. Dann die
Muscheln am Rand nur noch aus je 3 Stb
häkeln. In 6 cm = 10 R Armausschnitthöhe für den Halsausschnitt die mittleren 18 M unbehäkelt lassen und über
die restlichen je 9 M beidseitig getrennt

noch je 3 R häkeln. Dann die Arbeit beenden. Es sind insgesamt 24 R ab Anschl
gehäkelt.

Linkes Vorderteil
31 Lm + 2 Lm zum Wenden anschl. Im
Muschelmuster häkeln = 32 fM in 1. R.
Für die Wickelform bzw. Ausschnitt-
schrägung am linken Rand in der 4. R
ab Anschl, 2 M abnehmen, dann in jeder
2. R noch 9x je 2 M abnehmen. Den Armausschnitt dazwischen am rechten Rand
in gleicher Höhe wie am Rückenteil ausführen. Nach 13 cm = 22 R ab Anschl
sind noch 9 M für die Schulter übrig.

Darüber noch 3 R im Muster folgerichtig häkeln. Damit ist das Vorderteil mit
1 R fM höher als das Rückenteil. Nun
die Arbeit beenden.

Rechtes Vorderteil
Gegengleich zum linken Vorderteil
arb.

Ärmel
31 Lm + 2 Lm zum Wenden anschl. Im
Muschelmuster häkeln = 32 fM in 1. R
bzw. 6 Muscheln in 4. R. Beidseitig für
die Schrägungen in der 6. R ab Anschl
1 M zunehmen, dann in jeder 2. R
noch 4x je 1 M zunehmen = 42 M. Die
zugenommenen M beidseitig folgerichtig ins Muster einfügen. Nach
10 cm = 17 R ab Anschl die Arbeit beenden.

Fertigstellen
Nähte schließen, die Ärmelnähte oben
1 cm offen lassen. Die abgeschrägten
Vorderteilränder und den gesamten
Halsausschnittrand mit 1 R fM überhäkeln. Ärmel einsetzen. Spitze in
1 cm tiefe Falten legen und ca. 0,5 cm
tief unter den Wickelteilrändern und
dem Halsausschnittrand annähen. Jeweils in die 1. Stb-R von allen Teilen
das Satinbändchen einziehen, an der
Ecke des linken Vorderteils (ca. 15 cm
Bändchen) zur Schleife legen und aufnähen. Druckknopf annähen.

Weiße Hose

Reliefmuster
Über Lm-Anschl arb.
1. R = Hinr: Stb häkeln, dabei das
1. Stb in die 4. Lm ab Nd arb.
2. R = Rückr: 3 Lm (= 1. Stb), * 4 Stb,
dabei jeweils in die vordere Hälfte
der Abmaschglieder einstechen, in
die folgende M der Vorr 1 Stb, 2 Lm,
1 Stb häkeln, ab * stets wdh, mit 5 Stb
enden, dabei jeweils in die vordere
Hälfte der Abmaschglieder einstechen.
Hierbei werden automatisch M für die
Form zugenommen.
3. R = Hinr: 3 Lm (= 1. Stb), * 4 Stb,
dabei jeweils in die rückwärtige Häl-
te der Abmaschglieder einstechen, um
die folgende Lm der Vorr 1 Stb, 2 Lm,
1 Stb häkeln, ab * stets wdh, mit 5 Stb
enden, dabei jeweils in die rückwärtige Hälfte der Abmaschglieder einstechen.
4. R = Rückr: 3 Lm (= 1. Stb), * 4 Stb,
dabei jeweils in die vordere Hälfte der
Abmaschglieder einstechen, um die
folgende Lm der Vorr 1 Stb, 2 Lm, 1 Stb
häkeln, ab * stets wdh, mit 5 Stb enden,
dabei jeweils in die vordere Hälfte der
Abmaschglieder einstechen.
In der Höhe die 1.-4. R 1x häkeln, dann
die 3. und 4. R stets wdh.

Anleitung
Hinweis: In der Taille beginnen.

1. Hosenhälfte
35 Lm + 3 Lm als Ersatz für das 1. Stb
anschl. Im Reliefmuster häkeln
= 36 Stb in 1. R. Für die Beinweite in
9. R beidseitig je 2 Stb, in 10. R beidseitig je 1 Stb abnehmen. In folgender
R je 1 Stb, 1 Lm im Wechsel häkeln,
dabei am R-Anfang und Ende je 5 Stb,
um die Lm je 1 Stb und über die je
4 Stb dazwischen 1x 3 Stb und 1x
2 Stb im Wechsel häkeln, mit 1 Stb
enden. Zur folgenden = letzten R mit
3 Lm wenden, * in das folgende
2. Stb 1 Stb, 2 Lm und 1 Stb arb, ab *
fortlaufend wdh, mit 1 Stb enden.

2. Hosenhälfte
Genauso häkeln.

Fertigstellen
Vordere und rückwärtige Mittelnaht
und kurze innere Beinnähte schließen.
Hutgummi doppelt in Taillenhöhe einziehen, gut verknoten.

Frisch in den Frühling

schnell angezogen

GRÖSSE
Puppengröße 42 cm - 44 cm
Latzhose ca. 21,5 cm lang
(mit Latz)

MATERIAL
- Schachenmayr/SMC
  Catania (LL 125 m/50 g)
  in Mimose (Fb 100), 150 g
  und Weiß (Fb 106), 100 g
- Rest in Regatta (Fb 261)
- Häkelnadel 3,0 mm
- 3 weiße Stoffblümchen
  mit kleiner Perle, ø 2 cm
- 2 Druckknöpfe
- 2 Hemdenknöpfe,
  ø 15 mm

MASCHENPROBE
Mit Nd 3,0 mm
im Strukturmuster
23 M und 17,5 R =
10 cm x 10 cm (Anorak)

Mit Nd 3,0 mm
im Strukturmuster
23 M und 18,5 R =
10 cm x 10 cm (Latzhose)

Strukturmuster
Über einen Lm-Anschl arb.
1. R: fM häkeln, dabei die 1. fM in die
3. Lm ab Nd arb.
2. R: 3 Lm (= 1. Stb), * 2 Kreuz-Stb = 1 Stb
in die folgende 2. M der Vorr, 1 Stb zurück
in die übergangene M häkeln, ab * stets
wdh, mit 1 Stb enden.
3. R: 2 Lm (= 1. fM), fM häkeln.
In der Höhe die 1. bis 3. R 1x häkeln, dann
die 2. und 3. R stets wdh.

Anorak

Rückenteil
41 Lm + 2 Lm zum Wenden als Ersatz
für die 1. fM in Mimose anschl. Im Strukturmuster häkeln = 42 M. Nach 8,5 cm
= 15 R ab Anschl beidseitig für die Armausschnitte 4 M abnehmen, dafür am
R-Anfang die M der Vorr mit Km übergehen, am R-Ende unbehäkelt stehen lassen = 34 M. Nun gerade weiterhäkeln.
In 7,5 cm = 13 R Armausschnitthöhe für
den Halsausschnitt die mittleren 18 M unbehäkelt lassen und die je 8 M beidseitig
im Grundmuster fortsetzen. In je 8,5 cm
= 15 R Armausschnitthöhe ist beidseitig
die Schulterhöhe erreicht. Nun die Arbeit
beenden.

Linkes Vorderteil
21 Lm + 2 Lm zum Wenden als Ersatz für
die 1. fM in Mimose anschl. Im Strukturmuster häkeln = 22 M. Den Armausschnitt
am rechten Rand in gleicher Höhe wie am
Rückenteil ausführen und gerade weiterhäkeln. Bereits in 7 cm = 12 R Armaus-

schnitthöhe am linken Rand für den Halsausschnitt 10 M abnehmen. Über die
restlichen 8 M noch 3 R häkeln. Dann die
Arbeit beenden.

Rechtes Vorderteil
Gegengleich zum linken Vorderteil arb.

Ärmel
29 Lm + 2 Lm zum Wenden als Ersatz für
die 1. fM in Mimose anschl. Im Strukturmuster häkeln = 30 M. Beidseitig für die
Schrägungen in der 12., 14. und 16. R ab
Anschl je 1 M zunehmen = 36 M. Die zugenommenen M jeweils folgerichtig ins
Strukturmuster einfügen. Nach 9,5 cm
= 17 R ab Anschl den Ärmel beenden.

Kapuze
75 Lm + 2 Lm zum Wenden als Ersatz für
die 1. fM in Mimose anschl. Im Strukturmuster häkeln = 76 M. Nach 9,5 cm = 17 R
ab Anschl für die Form beidseitig 1 M zunehmen, dann in jeder 2. R noch 2x je 1 M
zunehmen = 82 M. Die zugenommenen
M jeweils folgerichtig ins Strukturmuster
einfügen. Nach 13 cm = 23 R ab Anschl
das Teil beenden – endet mit 1 R fM.

Fertigstellen
Nähte schließen, dabei die Ärmelnähte
oben je 1,5 cm offen lassen. Kapuze so zur
Hälfte legen, dass der Anschlrand übereinander liegt. Den Anschlrand flach zusnähen = rückwärtige Mittelnaht. Kapuze
in den Halsausschnitt nähen. Ärmel einsetzen. Senkrechte Vorderteilränder und
Kapuzenrand mit 1 R fM in Mimose überhäkeln. Für den Untertritt 28 Lm + 3 Lm

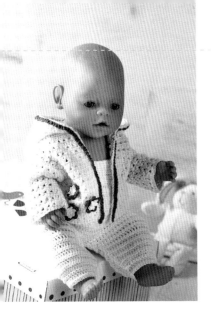

als Ersatz für das 1. Stb in Mimose an-schl. 3 R Stb häkeln, dabei das 1. Stb der 1. R in die 4. Lm ab Nd arb = 29 M. Untertritt am rechten Vorderteil ab Anschlrand hinter der FM-R annähen. Je 1 Druckknopfhälfte am Beginn und Ende des Untertritts, die andere Hälfte entsprechend auf der Rückseite des linken Vorderteils annähen. In Regatta eine 63 cm lange Lm-Kette aus doppeltem Faden arb. Diese lt. Modellbild entlang der Vorderränder und dem Kapuzenrand – mit der linken Seite nach oben – annähen. 3 Blümchen in Regatta wie folgt häkeln: 7 Lm mit 1 Km zum Ring schließen. Um den Ring 5 Blütenblätter arb, dafür * 2 Lm, 1 DStb, 1 Lm und 1 Km häkeln, ab * 4x wdh. Nun die Stoffblümchen auf die Häkelblümchen nähen, dann lt. Modellbild auf dem rechten Vorderteil annähen.

Latzhose

Strukturmuster

Über einen Lm-Anschl arb.
1. R = Rückr: fM häkeln, dabei die 1. fM in die 3. Lm ab Nd arb.
2. R = Hinr: 3 Lm (= 1. Stb), Stb häkeln.
3. R = Rückr: 2 Lm (= 1. fM), fM häkeln.
4. R = Hinr: 3 Lm (= 1. Stb), Stb häkeln, dabei jeweils nur in die rückwärtige Hälfte der Abmaschglieder einstechen.
Ab 5. R je 1 R fM und Stb im Wechsel häkeln, dabei wie in 3. und 2. R arb.

Anleitung

1. Hosenbein

31 Lm + 2 Lm als Ersatz für die 1. fM in Weiß anschl. Im Strukturmuster häkeln = 32 fM in 1. R. Für die Form in der 4. R in die 3. M, dann 13x in jede 2. M 2 Stb häkeln = 46 Stb. Nun gerade weiterhäkeln. Nach 9 cm = 17 R ab Anschl die Arbeit ruhen lassen.

2. Hosenbein

Wie 1. Hosenbein häkeln.
Nun über beide Teile Stb im Zushang in R weiterhäkeln. Zunächst über das linke, dann über das rechte Hosenbein

arb = 92 Stb. Im Strukturmuster gerade weiterhäkeln. Nach 10 cm = 18 R ab Zufügen der Beine noch 4 R fM häkeln, dabei in 1. R vor und nach den 14 M in vorderer Mitte je 1 Falte einhäkeln. Dafür je 6 M vor und nach den mittleren 14 M doppelt gelegt nach vorne zur Mitte hin umklappen, so liegen hier jeweils 3x je 3 Stb übereinander. Diese je 3 Lagen mit fM zushäkeln = 80 fM.
Nun für den Latz über die mittleren 26 M noch 4 R fM häkeln, dabei in 4. R beidseitig 1 M abnehmen = 24 M. Dann die Arbeit beenden.

Fertigstellen

Innere Beinnähte, dafür die Hosenbeine so zuslegen, dass sich die Beinnähte innen gegenüber liegen und fortlaufend die rückwärtige Mittelnaht schließen. Nun für die Träger 39 Lm + 2 Lm als Ersatz für die 1. fM in Weiß anschl. Dann 39 fM häkeln, 5 Lm für die Knopflochschlinge einfügen und die Gegenseite des Anschl mit 40 fM behäkeln. Träger beenden. Beidseitig mit je ca. 0,5 cm Abstand zum Rand innen am Latz annähen. 2 Knöpfe mit je 2,5 cm Abstand zur rückwärtigen Mitte am oberen Hosenrand annähen.

Die perfekten Begleiter

für jede Gelegenheit

GRÖSSE

Sporttasche ca. 12 cm x 10 cm x 2 cm
Rucksack ca. 7 cm x 6,5 cm x 1,5 cm
Handtasche ca. 7 cm x 4 cm

MATERIAL
SPORTTASCHE

* Schachenmayr/SMC Catania (LL 125 m/
  50 g) in Sonne (Fb 208), 50 g, Reste in
  Weinrot (Fb 192) und Weiß (Fb 106)

* Häkelnadel 3,0 mm

* Satinband in Burgund, 15 mm breit,
  50 cm lang

* Zierknopf, ø 12 mm

RUCKSACK

* Schachenmayr/SMC Catania (LL 125 m/
  50 g) in Sonne (Fb 208), 50 g und Rest
  in Royal (Fb 201)

* Häkelnadel 3,0 mm

* 2 Hemdenknöpfe, ø 11 mm

* Kugelknopf für Verschluss, ø 10 mm

HANDTASCHE

* Schachenmayr/SMC Catania (LL 125 m/
  50 g) in Weinrot (Fb 192) und Sonne
  (Fb 208), Reste

* Häkelnadel 3,0 mm

MASCHENPROBE

Mit Nd 3,0 mm im Streifenmuster
24 M und 8,5 R = 10 cm x 5 cm
(Sporttasche)

Mit Nd 3,0 mm 22 Stb und 12 R =
10 x 10 cm (Rucksack)

Mit Nd 3,0 mm 12 fM und 12,5 R =
5 cm x 5 cm (Handtasche)

Streifenmuster

Je 1 R Stb und fM im Wechsel
häkeln.

Sporttasche

Vorderseite

24 Lm + 2 Lm als Ersatz für die
1. fM in Sonne anschl.
1. R = Hinr (Sonne): FM häkeln
= 25 M.
2. R = Rückr (Sonne): 3 Lm
(= 1. Stb), 24 Stb häkeln.
3. R = Hinr (Weiß): 2 Lm
(= 1. fM), 24 fM häkeln.
4. R = Rückr (Weinrot): 3 Lm
(= 1. Stb), 24 Stb häkeln.
5. R = Rückr (Weiß): 2 Lm
(= 1. fM), 24 fM häkeln.
6. R = Hinr (Sonne): 3 Lm
(= 1. Stb), 24 Stb häkeln.
7. R = Hinr (Weiß): 2 Lm
(= 1. fM), 24 fM häkeln.
8. R = Hinr (Weinrot): 3 Lm
(= 1. Stb), 24 Stb häkeln.
9. R = Rückr (Weiß): 2 Lm
(= 1. fM), 24 fM häkeln.
Dann die 2.-6. R 1x wdh = insgesamt 14 R und nur noch in
Sonne häkeln.
15. R = Rückr (Sonne): 3 Lm
(= 1. Stb), 4 Stb, 15 fM, 5 Stb
häkeln.
16. R = Hinr (Sonne): 3 Lm
(= 1. Stb), 3 Stb häkeln, wenden.
17. R = Rückr (Sonne): 3 Lm
(= 1. Stb), 1 Stb häkeln. Die

andere Seite mit den letzten
2 R gegengleich beenden.
Nun die Seitenränder mit je 1 R fM
in Sonne überhäkeln. Dann die
ganze Vorderseite ringsum mit fM
in Sonne umhäkeln.

Taschenrückseite

Wie die Vorderseite arb.
Seitenteile und Boden: Zusam-
menhängend in einem Stück quer
häkeln. 53 Lm + 3 Lm als Ersatz
für das 1. Stb in Sonne anschl. 2 R
Stb häkeln. Dann die Schmalseiten
und die Gegenseite des Anschl mit
1 R fM in Sonne überhäkeln.

Fertigstellen

Seitenteile mit Boden zwischen
Vorder- und Rückseite legen, dabei
beidseitig am oberen Taschenrand
je 3 cm frei lassen und einnähen.

Vorder- und Rückseite oben in der
Mitte in je 2 Fältchen legen, die zur
Mitte zeigen, siehe Modellbild. Fältchen festnähen. Für die Taschenhen-
kel je 16 cm Satinband abschneiden,
Enden etwas einschlagen und innen
annähen. Restliches Satinband zu
einem Ring zusnähen und in Fältchen
legen, mit einigen Stichen festhalten,
dann als Blüte lt. Modellbild auf die
Tasche nähen, Zierknopf als Blütenmitte festnähen.

Rucksack

Stäbchen

In R und Rd häkeln. Das 1. Stb jeder
R/Rd durch 3 Lm ersetzen. Das letzte
Stb einer R in die 3. Ersatz-Lm häkeln.
Jede Rd mit 1 Km schließen.

Anleitung

Mit dem Boden beginnen. Dafür 11 Lm
+ 3 Lm als Ersatz für das 1. Stb in Sonne anschl. 2 R Stb häkeln. Dann 1 R
Stb über die Gegenseite des Anschl
arb. Nun den Boden ringsum mit 1 Rd
fM in Sonne umhäkeln, dabei über
den Schmalseiten je 6 M, über Vorder-
und Rückseite je 12 M ausführen
= 36 M. Anschließend Stb in Rd häkeln, dabei in 1. Rd jeweils nur in die
rückwärtige Hälfte der Abmaschglieder der fM einstechen. Nach 5 cm
= 6 Rd ab 1. Stb-Rd für den Kordel-
durchzug 1 Rd aus 1 Stb und 1 Lm im
Wechsel häkeln, mit der Lm jeweils

1 M der Vorrd übergehen. Mit 1 Rd
fM abschließen.
Dann die Rucksackklappe über der
Rückseite in Sonne anhäkeln, dabei
mit 11 Stb beginnen. In 2. und 3. R
ebenfalls 11 Stb häkeln. In 4. und 5. R
beidseitig je 1 Stb abnehmen = 7 M.
Die Arbeit beenden.

Träger (2x häkeln)

Eine 30 cm lange Lm-Kette in Sonne
anschl und ringsum mit fM behäkeln,
dabei am Anfang und Ende je 3 fM
in 1 Einstichstelle arb. Darüber noch
1 Rd fM in Royal ausführen und an
einer Schmalseite Knopflochschlinge
aus 5 Lm anhäkeln.

Fertigstellen

Öffnung und Klappe mit fM in Royal
umhäkeln. In Klappenmitte 1 Knopflochschlinge aus 7 Lm in Sonne anhäkeln. Für das Blümchen in Royal 7 Lm
mit 1 Km zum Ring schließen. Um den
Ring 5 Blütenblätter arb, dafür * 1 Lm,
1 Stb, 1 Lm und 1 Km häkeln, ab * 4x
wdh. Blume mit Kugelknopf in vorderer Rucksackmitte annähen. Träger
ohne Schlinge beidseitig oben am
Rucksack direkt unterhalb des Kordel-
durchzugs annähen. Die übrigen
2 Knöpfe auf der Rückseite über dem
Rand des Bodens annähen. Als Durch-
zugsband eine 27 cm lange Lm-Kette
in Royal häkeln und in die Lochr einziehen.

Handtasche

Feste Maschen

In R häkeln. Die 1. fM jeder R durch
2 Lm ersetzen. Die letzte fM jeder R
in die 2. Ersatz-Lm häkeln.

Anleitung

Vorderseite
9 Lm + 2 Lm als Ersatz für die 1. fM
in Weinrot anschl.
1. R: FM häkeln = 10 M.
2. R: FM häkeln, dabei beidseitig 1 M
zunehmen = 12 M.
3.+4. R: FM häkeln = je 12 M.
Nun zunächst die rechte Seite wie
folgt fortsetzen:
5. R: 4 fM häkeln, wenden.
6. R: 3 fM häkeln, wenden.
7. R: 2 fM häkeln. Arbeit beenden.
Die linke Seite gegengleich beenden.

Rückseite
Wie die Vorderseite häkeln.
Nun Vorder- und Rückseite ringsum
mit fM in Weinrot umhäkeln.
Dann für die Seitenränder und den
Boden 28 Lm in Weinrot anschl. Die
Lm-Kette ringsum mit 1 Rd fM umhä-
keln.

Fertigstellen

Seitenränder und Boden zwischen
Vorder- und Rückseite einnähen, dabei jeweils nur die rückwärtigen Häl-
ften der Abmaschglieder der fM erfassen. 2 Taschengriffe aus je 14 Lm in
Sonne lt. Modellbild anhäkeln.

Der Strand ruft

fröhlich gestreift

GRÖSSE
Puppengröße 42 cm - 44 cm

MATERIAL
* Schachenmayr/SMC
  Catania (LL 125 m/50 g)
  in Sonne (Fb 208), Weiß
  (Fb 106), Mandarin
  (Fb 209) und Regatta
  (Fb 261), je 100 g
* Häkelnadel 3,0 mm
* 2 Hemdenknöpfe,
  ø 10 mm
* 4 Entenknöpfchen in
  Blau, 16 mm
* Hutgummi in Weiß,
  60 cm lang

MASCHENPROBE
Mit Nd 3,0 mm im
Streifenstrukturmuster
in fM 26 M und 28,5 R
= 10 cm x 10 cm

Streifenstrukturmuster

1. R = Hinr: 2 Lm (= 1. fM), fM nach Anleitung, 6 Stb, 8 DStb häkeln.
2. R = Rück-R: 2 Lm (= 1. fM), fM häkeln.
3. R = Hinr: 2 Lm (= 1. fM), fM nach Anleitung, 6 Stb, 8 DStb häkeln.
4. R = Rück-R: 2 Lm (= 1. fM), fM häkeln.
5. R = Hinr: 2 Lm (= 1. fM), fM nach Anleitung, 6 Stb, 8 DStb häkeln, dabei bei allen M jeweils nur in die rückwärtige Hälfte der Abmaschglieder einstechen.
In der Höhe die 1.-5. R 1x häkeln, dann die 2.-5. R stets wdh.

Farbfolge

Je 4 R in Regatta, Weiß, Sonne und Mandarin häkeln. Beim Farbwechsel die letzte M der einen Fb schon mit der neuen Fb abmaschen, damit ein exakter Farbübergang entsteht. Außerdem jeweils beim Farbwechsel wie in der 5. Muster-R arb.

Kleid

Das Kleid in einem Stück quer häkeln, dabei mit dem linken Rückenteil beginnen, über das Vorderteil zum rechten Rückenteil arb.
In rückwärtiger Mitte beginnen. Dafür 39 Lm + 2 Lm als Ersatz für die 1. fM in Regatta anschl. Im Streifenstrukturmuster in der Farbfolge arb.
1.+3. R (Regatta): Je 26 fM, dann 6 Stb und 8 DStb häkeln.
2.+4. R (Regatta): Je 40 fM häkeln.
5.+7. R (Weiß): Je 26 fM, dann 6 Stb und 8 DStb häkeln.
6.+8. R (Weiß): Je 40 fM häkeln, dabei am

Ende der 8. R für die 1. Hälfte des linken Trägers 10 Lm in Sonne dazu anschl = 50 M.
9.+11. R (Sonne): Je 36 fM, 6 Stb, 8 DStb häkeln.
10.+12. R (Sonne): Je 50 fM häkeln.
13. R (Mandarin): Für den Armausschnitt am rechten Arbeitsrand 22 M unbehäkelt lassen. Über der 23. M anschlingen, 14 fM, 6 Stb und 8 DStb häkeln = 28 M.
14.+16. R (Mandarin): Je 28 fM häkeln.
15. R (Mandarin): 14 fM, 6 Stb, 8 DStb häkeln.
17.+19. R (Regatta): Je 14 fM, 6 Stb, 8 DStb häkeln.
18.+20. R (Regatta): Je 28 fM häkeln.
21.+23. R (Weiß): Je 14 fM, 6 Stb, 8 DStb häkeln.
22.+24. R (Weiß): Je 28 fM häkeln.
25.+27. R (Sonne): Je 14 fM, 6 Stb, 8 DStb häkeln.
26.+28. R (Sonne): Je 28 fM häkeln, dabei am Ende der 28. R für die 2. Hälfte des linken Trägers 22 Lm in Mandarin dazu anschl = 50 M.
29.+31. R (Mandarin): Je 36 fM, 6 Stb, 8 DStb häkeln.
30.+32. R (Mandarin): Je 50 fM häkeln.
33. R (Regatta): Für den vorderen Halsausschnitt am rechten Arbeitsrand 14 M unbehäkelt lassen. Über der 15. M anschlingen, 22 fM, 6 Stb und 8 DStb häkeln = 36 M.
34.+36. R (Regatta): Je 36 fM häkeln.
35. R (Regatta): 22 fM, 6 Stb und 8 DStb häkeln.
37.+39. R (Weiß): Je 22 fM, 6 Stb und

8 DStb häkeln.

38.+40. R (Weiß): Je 36 fM häkeln.

41.+43. R (Sonne): Je 22 fM, 6 Stb und 8 DStb häkeln.

42.+44. R (Sonne): Je 36 fM häkeln.

45.+47. R (Mandarin): Je 22 fM, 6 Stb und 8 DStb häkeln.

46.+48. R (Mandarin): Je 36 fM häkeln.

49.+51. R (Regatta): Je 22 fM, 6 Stb und 8 DStb häkeln.

50.+52. R (Regatta): Je 36 fM häkeln, dabei am Ende der 52. R für die 1. Hälfte des rechten Trägers 14 Lm in Weiß dazu anschl = 50 M.

53.+55. R (Weiß): Je 36 fM, 6 Stb und 8 DStb häkeln.

54.+56. R (Weiß): Je 50 fM häkeln.

57. R (Sonne): Für den rechten Armausschnitt am rechten Arbeitsrand

22 M unbehäkelt lassen. Über der 23. M anschlingen, 14 fM, 6 Stb und 8 DStb häkeln = 28 M.

58.+60. R (Sonne): 28 fM häkeln.

59. R (Sonne): 14 fM, 6 Stb und 8 DStb häkeln.

61.+63. R (Mandarin): Je 14 fM, 6 Stb und 8 DStb häkeln.

62.+64. R (Mandarin): Je 28 fM häkeln.

65.+67. R (Regatta): Je 14 fM, 6 Stb und 8 DStb häkeln.

66.+68. R (Regatta): Je 28 fM häkeln.

69.+71. R (Weiß): Je 14 fM, 6 Stb und 8 DStb häkeln.

70.+72. R (Weiß): Je 28 fM häkeln, dabei am Ende der 72. R für die 2. Hälfte des rechten Trägers 22 Lm in Sonne dazu anschl = 50 M.

73.R (Sonne): 36 fM, 6 Stb und 8 DStb häkeln.

74.+76. R (Sonne): Je 50 fM häkeln.

75. R (Sonne): 36 fM, 6 Stb und 8 DStb häkeln.

77. R (Mandarin): Für den rückwärtigen Halsausschnitt am rechten Arbeitsrand 10 M unbehäkelt lassen = 40 M. Über der 11. M anschlingen, 26 fM, 6 Sb und 8 DStb häkeln.

78.+80. R (Mandarin): Je 40 fM häkeln.

79. R (Mandarin): 26 fM, 6 Stb und 8 DStb häkeln.

81.+83. R (Regatta): Je 26 fM, 6 Stb und 8 DStb häkeln.

82.+84. R (Regatta): Je 40 fM häkeln.

85.+87. R (Weiß): Je 26 fM, 6 Stb und 8 DStb häkeln.

86. R (Weiß): 40 fM häkeln.

88. R (Weiß): 25 fM häkeln, dann für 2 Knopflochschlingen wie folgt arb: 4 Lm häkeln, 2 fM übergehen, 8 fM häkeln, 4 Lm häkeln, 2 fM übergehen und 3 fM häkeln. Damit ist wieder die rückwärtige Mitte erreicht. Teil beenden.

Fertigstellen

Schulternähte und rückwärtige Mittelnaht ab Saum über 7 cm schließen. Den linken Armausschnitt in Mandarin mit 1 Rd fM umhäkeln, dabei 2,5 cm vor der Schulternaht beginnen. Dann fortlaufend für die Rüsche 1 Stb häkeln, 6x je 3 Stb in je 1 fM der Vorr arb und 1 Stb häkeln. Den rechten Armausschnitt gegengleich umhäkeln, jedoch in Weiß. Den vorderen Halsausschnitt für die Blende noch mit 2 R fM in Mandarin und 1 R Stb in Weiß überhäkeln, dabei die Stb jeweils in die rückwärtige Hälfte der Abmaschglieder arb. Blendenschmalseiten annähen. Hemdenknöpfe als Verschluss annähen. Die Entchen-Knöpfe lt. Modellbild schräg versetzt aufs Vorderteil nähen.

Bikini-Hose

Hinweis: In der Taille beginnen.

Rückwärtiges Hosenteil

30 Lm + 3 Lm als Ersatz für das 1. Stb in Mandarin anschl. Stb häkeln = 31 M. Nach 2 cm = 2 R Stb ab Anschl beidseitig für die Beinausschnitte 5 M abnehmen, dafür am R-Anfang 5 M

mit Km übergehen, am R-Ende 5 M unbehäkelt stehen lassen = 21 Stb. Dann in jeder folgenden R beidseitig 7x je 1 M abnehmen = 7 Stb. Anschließend noch 1 R über 7 Stb häkeln. Teil beenden.

Vorderes Hosenteil

34 Lm + 3 Lm als Ersatz für das 1. Stb in Mandarin anschl. Stb häkeln = 35 M. Nach 2 cm = 2 R Stb ab Anschl beidseitig für die Beinausschnitte je 8 M abnehmen, dafür am R-Anfang 8 M mit Km übergehen, am R-Ende 8 M unbehäkelt stehen lassen = 19 M. In 4. R beidseitig je 2 M abnehmen = 15 Stb. In 5. R beidseitig je 1 M abnehmen = 13 Stb. Die 6. R ohne Abnahmen über 13 Stb häkeln. In 7. R beidseitig je 2 M abnehmen = 9 Stb. In 8. R beidseitig je 1 M abnehmen = 7 Stb. Die 9. und 10. R über je 7 Stb häkeln. Teil beenden.

Fertigstellen

Seitennähte und Schrittnaht schließen. Beinausschnitte mit je 1 Rd fM und 1 kleinen Bogen-Rd wie folgt umhäkeln, dabei ab Schrittnaht beginnen: 1 fM, * 1 Lm, 1 Stb, 1 Lm, 1 Km häkeln, ab * stets wdh, die letzte Km in die fM häkeln. Den Hutgummi doppelt in die 1. Stb-R der Taille einziehen und gut verknoten. Für die kleine Blüte in Sonne 7 Lm anschl. In 1. Rd 5 Blätter wie folgt häkeln: * 1 Km, 1 Lm, 2 DStb, 1 Lm, ab * noch 4x wdh. Blüte seitlich auf das vordere Hosenteil nähen.

Hut

Stäbchen

In Rd häkeln. Das 1. Stb jeder Rd durch 3 Lm ersetzen. Jede Rd mit 1 Km in die 3. Ersatz-Lm schließen.

Stäbchen verdoppeln

In 1 M der Vorrd 2 Stb häkeln (siehe „So wird's gemacht").

Farbfolge

Je * 1 Rd Mandarin, Regatta, Weiß und Sonne häkeln, ab * stets wdh.

Anleitung

7 Lm in Mandarin anschl und mit 1 Km zum Ring schließen. Dann Stb in Rd in der Farbfolge häkeln.

1. Rd (Mandarin): 18 Stb in den Ring arb, dann Arbeit wenden. Bei der 1. Rd liegt nun die linke Seite der Stb außen.
2. Rd (Regatta): Stb häkeln, dabei jeweils in die rückwärtige Hälfte der Abmaschglieder einstechen und jede 2. M verdoppeln = 27 Stb.
3. Rd (Weiß): Jede 2. M verdoppeln = 40 Stb.
4. Rd (Sonne): Jede 2. M verdoppeln = 60 Stb.
5. Rd (Mandarin): Ohne Zunahmen über 60 Stb häkeln.
6. Rd (Regatta): Jede 4. M verdoppeln = 75 Stb.
7. Rd (Weiß): Für den Hutrand ohne Zunahmen über 75 Stb häkeln.
8. Rd (Sonne): Ohne Zunahmen über 75 Stb häkeln.
9. Rd (Mandarin): Ohne Zunahmen über 75 Stb häkeln.
10. Rd (Regatta): Ohne Zunahmen über 75 Stb häkeln.
11. Rd (Weiß): Ohne Zunahmen über 75 Stb häkeln.
12. Rd (Sonne): Für die Krempe jede 2. M verdoppeln = 112 Stb.
13. Rd (Mandarin): Jede 3. M verdoppeln = 149 Stb.
14. Rd (Regatta): Jede 3. M verdoppeln = 198 Stb.
15. Rd (Weiß): Ohne Zunahmen über 198 Stb häkeln. Hut beenden.

Ein Traum in Rosa

kleine Fee

Stäbchen

In R häkeln. Das 1. Stb jeder R durch 3 Lm ersetzen. Das 1. Stb der 1. R in die 4. Lm ab Nd arb. Das letzte Stb jeder R in die 3. Ersatz-Lm häkeln.

Stäbchen verdoppeln

In 1 M der Vorr 2 Stb häkeln (siehe „So wird's gemacht").

Stäbchen zusammen abmaschen

Siehe „So wird's gemacht".

Kleid

Mit dem Oberteil beginnen.

Vorderteil

39 Lm + 3 Lm als Ersatz für das 1. Stb in Orchidee anschl. Stb häkeln = 40 M. Nach 3 cm = 4 R ab Anschl beidseitig für die Armausschnitte 7 M abnehmen, dafür am R-Anfang 7 Stb mit Km übergehen, am R-Ende 7 M unbehäkelt stehen lassen = 26 Stb. Dann gerade weiterhäkeln. In 4 cm = 5 R Armausschnitthöhe für den Halsausschnitt die mittleren 12 M unbehäkelt lassen und beidseitig über je 7 M getrennt weiterhäkeln. In je 2,5 cm = 3 R Halsausschnitthöhe ist jeweils die Schulterhöhe erreicht. Arbeit beenden.

Rechtes Rückenteil

21 Lm + 3 Lm als Ersatz für das 1. Stb in Orchidee anschl. Stb häkeln = 22 M. Den Armausschnitt am rechten Rand

in gleicher Höhe wie am Vorderteil ausführen = 15 Stb. Für den Halsausschnitt am linken Rand in gleicher Höhe wie am Vorderteil 8 Stb unbehäkelt lassen und über die restlichen 7 Stb noch 3 R häkeln. Damit ist die Schulterhöhe erreicht. Arbeit beenden.

Linkes Rückenteil

Gegengleich zum rechten Rückenteil häkeln.

Rock

Aus 9 einzelnen Blütenblättern von oben nach unten zum Saum hin häkeln. Pro Blütenblatt 8 Lm + 3 Lm als Ersatz für das 1. Stb in Orchidee anschl.
1.+2. R: 9 Stb häkeln.
3. R: Stb häkeln, dabei beidseitig 1 Stb zunehmen = 11 Stb.
4. R: 11 Stb häkeln.
5. R: Wie die 3. R häkeln = 13 Stb.
6. R: 13 Stb häkeln.
7. R: Wie die 3. R häkeln = 15 Stb.
8.+9. R: Je 15 Stb häkeln.
10.-12. R: Stb häkeln, dabei beidseitig je 1 Stb abnehmen = 9 Stb.
Blütenblatt ringsum mit fM in Orchidee umhäkeln und mit Silberfaden mit Schlingstich umstechen.

Flügel (2x häkeln)

Mit Silbergarn in Stb arb. Dafür 24 Lm + 3 Lm als Ersatz für das 1. Stb anschl.
1.-3. R: Je 25 Stb häkeln.
4. R: 1. Stb verdoppeln, 22 Stb häkeln, 2 Stb zus abmaschen = 25 Stb.

5. R: 2 Stb zus abmaschen, 22 Stb häkeln, 1 Stb verdoppeln = 25 Stb.
6. R: 1. Stb verdoppeln, 22 Stb häkeln, 2 Stb zus abmaschen = 25 Stb.
7. R: 1. M mit Km übergehen, 8 fM häkeln, 15 Stb, 1 Stb verdoppeln = 25 M.
8. R: 1. Stb verdoppeln, 12 Stb und 2 fM häkeln, restliche M unbehäkelt lassen = 16 M.
9. R: 2 Km, 2 fM und 9 Stb häkeln.
10. R: 9 Stb, 1 fM, 1 Km häkeln.
Nun den Flügel ohne Anschlrand mit je 1 R fM mit Silbergarn und weißem Flauschgarn umhäkeln.

Fertigstellen

Schulter- und Seitennähte schließen. Armausschnittränder mit je 1 Rd fM in Orchidee umhäkeln. Senkrechte Ränder der Rückenteile und den gesamten Halsausschnittrand mit 1 R fM in Orchidee umhäkeln, dabei über dem linken Rückenteil gleichmäßig verteilt 2 Knopflochösen aus je 4 Lm einhäkeln. Nun die Armausschnitte beiderseits der Schulternaht mit kleinen Bogen in Orchidee wie folgt behäkeln: 1 Km, * 1 Lm, 3 Stb in 1 Einstichstelle, 1 Lm, 1 Km, ab * 3x wdh. Die Bogen jeweils so anordnen, dass je 1 Bogen vor der Schulternaht liegt und je 3 Bogen hinter der Schulternaht liegen. Die Blätter mit dem Anschlrand ringsum so ans Oberteil nähen, dass am rechten Rückenteil für den Untertritt 2 cm frei bleiben. Knöpfe entsprechend annähen. Flügel senkrecht, mit je 2,5 cm Abstand zum Rand an die

GRÖSSE
Puppengröße
42 cm - 44 cm

MATERIAL
* Schachenmayr/SMC
  Catania (LL 125 m/
  50 g) in Orchidee
  (Fb 222), 100 g
* Silbergarn Anchor
  Artiste Metallic
  (LL 100 m/25 g), 25 g
* Rest Schachen-
  mayr/SMC Brazi-
  lia (LL 90 m/50 g)
  in Weiß (Fb 01)
* Häkelnadel 3,0 mm
* 2 Hemdenknöpfe,
  ø 11 mm
* 10 Stoffröschen,
  ø ca. 20 mm
* Gummiband,
  3 mm breit,
  35 cm lang
* Druckknopf
* Tüllstoff in Rosa,
  30 cm

MASCHENPROBE
Mit Nd 3,0 mm
und Catania
22 Stb und 13 R
= 10 cm x 10 cm

Mit Nd 3,0 mm
und Silbergarn
14,5 Stb und 9 R
= 5 cm x 5 cm

Rückenteile nähen, laufen noch etwas über die Blütenblätter. 8x je 1 Röschen in der Taille zwischen 2 Blättern aufnähen, siehe Modellbild.

Tüll-Unterrock

3 Bahnen aus 70 cm x 13 cm Tüllstoff zuschneiden. Jede Bahn in Falten legen, sodass sie 34 cm weit ist. Die 3 Bahnen aufeinanderlegen und die Falten in der Taille feststeppen. Druckknopf in rückwärtiger Mitte annähen.

Bikini-Hose

Hinweis: In der Taille beginnen.

Rückwärtiges Hosenteil

31 Lm + 3 Lm als Ersatz für das 1. Stb in Orchidee anschl. Stb häkeln = 32 M. Nach 5,5 cm = 7 R Stb ab Anschl beidseitig für die Beinausschnitte 2 M abnehmen = 28 Stb. Dann in jeder folgenden R beidseitig 9x je 1 M abnehmen = 10 Stb. Anschließend noch 1 R über 10 Stb häkeln. Teil beenden.

Vorderes Hosenteil

35 Lm + 3 Lm als Ersatz für das 1. Stb in Orchidee anschl. Stb häkeln = 36 M. Nach 5,5 cm = 7 R Stb ab Anschl beidseitig für die Beinausschnitte 9 M abnehmen, dafür am R-Anfang 9 M mit Km übergehen, am R-Ende 9 M unbehäkelt stehen lassen = 18 M. In 9. und 10. R beidseitig je 2 M abnehmen = 10 Stb. In 11. und 12. R je 10 Stb häkeln. Teil beenden.

Fertigstellen

Seitennähte und Schrittnaht schließen. Beinausschnitte mit je 1 Rd fM und 1 kleinen Bogen-Rd wie folgt umhäkeln, dabei ab der Schrittnaht beginnen: 1 fM, * 1 Lm, 1 Stb, 1 Lm, 1 Km häkeln, ab * stets wdh, die letzte Km in die fM häkeln. Ca. 27 cm Gummiband in die 2. Stb-R der Taille einziehen.

Krönchen

69 Lm + 2 Lm als Ersatz für die 1. fM anschl. 1 R fM häkeln = 70 M. Im Netzmuster wie folgt häkeln:
1. R: Über der 21. M neu anschlingen, 1 Lm häkeln, * 7 Lm, 1 fM in die folgende 4. fM, ab * 5x wdh, 4 Lm und 1 Stb in die folgende 4. fM arb = 7 Bogen. Wenden.
2. R: * 7 Lm und 1 fM um den folgenden Lm-Bogen häkeln, ab * 4x wdh, 4 Lm und 1 Stb um den folgenden Lm-Bogen arb = 6 Bogen. Wenden.
3. R: * 7 Lm und 1 fM um den folgenden Lm-Bogen häkeln, ab * 3x wdh, 4 Lm und 1 Stb um den folgenden Lm-Bogen arb = 5 Bogen. Wenden.
4. R: * 7 Lm und 1 fM um den folgenden Lm-Bogen häkeln, ab * 2x wdh, 7 Lm und 1 fM um den folgenden Lm-Bogen arb = 4 Bogen. Arbeit beenden. Gummiband (8 cm lang) über je 1 cm an die Enden der FM-R nähen. 2 Röschen seitlich lt. Modellbild annähen.

GRÖSSE
Puppengröße 42 cm - 44 cm

MATERIAL
* Schachenmayr/SMC
  Catania (LL 125 m/50 g)
  in Weinrot (Fb 192), 150 g
* Rest Schachenmayr/SMC
  Catania (LL 125 m/50 g)
  in Flieder (Fb 226)
* Häkelnadel 3,0 mm
* Spitze in Weiß, 3 cm breit,
  60 cm lang
* Satinband in Flieder,
  7 mm breit, 70 cm lang
* Knopf in Herzform,
  ø 14 mm
* 2 Hemdenknöpfe,
  ø 11 mm
* kleine Perlen, bunt,
  ø 2,5 mm, als Kette auf-
  gefädelt, 17 cm lang

MASCHENPROBE
Mit Nd 3,0 mm im
Muschelmuster
5 Muscheln aus je 5 Stb
= 25 M und 16 R
= 10 cm x 10 cm

Mit Nd 3,0 mm
24 fM und 15 R
= 10 cm x 5 cm

Mit Nd 3,0 mm
22 Stb und 6 R
= 10 cm x 5 cm

Zur Feier des Tages

einfach edel

Muschelmuster

Hinweis: Die Stb immer nur in die rückwärtige Hälfte der Abmaschglieder der fM arb, damit ein reliefartiges Gebilde entsteht.

1. R = Rückr: 2 Lm (= 1. fM), fM häkeln.
2. R = Hinr: 3 Lm (= 1. Stb), * 1 M übergehen, 2 Stb in 1 Einstichstelle, den Rapport ab * fortlaufend wdh, 1 M übergehen, mit 1 Stb in die letzte fM enden.
3. R = Rückr und jede folgende Rückr: 2 Lm (= 1. fM), dann je 1 fM in jedes Stb häkeln.
4. R = Hinr: 3 Lm (= 1. Stb), * 1 M übergehen, 3 Stb in 1 Einstichstelle, den Rapport ab * fortlaufend wdh, 1 M übergehen, mit 1 Stb in die letzte fM enden.

6. R = Hinr: 3 Lm (= 1. Stb), * 1 M übergehen, 3 Stb in 1 Einstichstelle, 1 M übergehen, den Rapport ab * fortlaufend wdh, mit 1 Stb in die letzte fM enden.
8. R = Hinr: 3 Lm (= 1. Stb), * 1 M übergehen, 4 Stb in 1 Einstichstelle, 1 M übergehen, den Rapport ab * fortlaufend wdh, mit 1 Stb in die letzte fM enden.
10. R = Hinr: 3 Lm (= 1. Stb), * 2 M übergehen, 4 Stb in 1 Einstichstelle, 1 M übergehen, den Rapport ab * fortlaufend wdh, bei der letzten Wiederholung am Ende 2 M übergehen, dann mit 1 Stb in die letzte fM enden.
12. R = Hinr: 3 Lm (= 1. Stb), * 2 M übergehen, 5 Stb in 1 Einstichstelle, 1 M übergehen, den Rapport ab * fortlaufend wdh, bei der letzten Wiederholung am Ende 2 M übergehen, dann mit 1 Stb in die letzte fM enden.
14. R = Hinr: 3 Lm (= 1. Stb), * 2 M übergehen, 5 Stb in 1 Einstichstelle, 2 M übergehen, den Rapport ab * fortlaufend wdh, mit 1 Stb in die letzte fM enden.
16. R = Hinr: 3 Lm (= 1. Stb), * 2 M übergehen, 6 Stb in 1 Einstichstelle, 2 M übergehen, den Rapport ab * fortlaufend wdh, mit 1 Stb in die letzte fM enden.
18. R = Hinr: 3 Lm (= 1. Stb), * 3 M übergehen, 6 Stb in 1 Einstichstelle, 2 M übergehen, den Rapport ab * fortlaufend wdh, mit 1 Stb in die letzte fM enden.

In der Höhe die 1.-19. R 1x häkeln. Achtung: Aufgrund der Häkeltechnik wird das Muschelmuster automatisch weiter.

Maschen abnehmen

Dafür am R-Anfang die M mit Km übergehen, am R-Ende unbehäkelt stehen lassen.

Stäbchen

In R und Rd häkeln. Das 1. Stb jeder R bzw. Rd durch 3 Lm ersetzen. Das 1. Stb der 1. R in die 4. Lm ab Nd arb. Das letzte Stb jeder R in die 3. Ersatz-Lm häkeln. Jede Rd mit 1 Km in die 3. Ersatz-Lm schließen.

Stäbchen verdoppeln

In 1 M der Vorrd 2 Stb häkeln (siehe „So wird's gemacht").

Stäbchen zusammen abmaschen

Siehe „So wird's gemacht".

Feste Maschen

In R häkeln. Die 1. fM jeder R durch 2 Lm ersetzen. Die 1. fM der 1. R in die 3. Lm ab Nd arb. Die letzte fM jeder R in die 2. Ersatz-Lm häkeln.

Anleitung

Vordere Passe
34 Lm + 3 Lm als Ersatz für das 1. Stb in Weinrot anschl. 1 R Stb, dann fM häkeln = je 35 M pro R. Nach 2 cm

= 5 R ab Anschl beidseitig für die Armausschnitte je 4 M abnehmen = 27 M. Nun gerade weiterhäkeln. In 5,5 cm = 16 R Armausschnitthöhe für den Halsausschnitt die mittleren 15 M unbehäkelt lassen und beide Seiten über je 6 fM gertrennt fortsetzen. In je 2 cm = 6 R Halsausschnitthöhe ist jeweils die Schulterhöhe erreicht. Die Arbeit beenden.

Vordere Rockbahn

Über den Anschlrand der Passe in Weinrot anhäkeln. Im Muschelmuster arb, dabei in 1. R 35 fM ausführen – ergibt 16 Rapporte. In 11,5 cm = 19 R Rocklänge die Arbeit beenden.

Rechte rückwärtige Passe

17 Lm + 3 Lm als Ersatz für das 1. Stb in Weinrot anschl. Stb in R häkeln = je 18 M pro R. Nach 2 cm = 3 R ab Anschl am rechten Rand für den Armausschnitt 4 M abnehmen = 14 Stb. Nun gerade weiterhäkeln. In 6 cm = 7 R Armausschnitthöhe für den Halsausschnitt am linken Rand 8 Stb abnehmen. Über die restlichen 6 Stb noch 2 R häkeln. Damit ist die Schulterhöhe erreicht. Das Teil beenden.

Rechte rückwärtige Rockbahn

Über den Anschlrand der rechten rückwärtigen Passe in Weinrot anhäkeln. Im Muschelmuster arb, dabei in 1. R 19 fM ausführen – ergibt 8 Rapporte. In 11,5 cm = 19 R Rocklänge die Arbeit beenden.

Linke rückwärtige Passe

Gegengleich zur rechten rückwärtigen Passe häkeln.

Linke rückwärtige Rockbahn

Über den Anschlrand der linken rückwärtigen Passe wie die rechte rückwärtige Rockbahn anhäkeln.

Fertigstellen

Schulter- und Seitennähte schließen. Die rückwärtige Mittelnaht des Rocks über 7 cm ab Saum schließen. Die seitlichen Halsausschnittränder und den rückwärtigen Rand sowie die Schlitzränder mit je 1 R fM in Weinrot überhäkeln. Den rechten Schlitzrand noch mit 1 R Km in Weinrot überhäkeln, dabei über der 2. und 10. R ab Halsausschnitt je Knopflochschlinge aus 4 Lm einhäkeln. Die Armausschnittränder mit je 1 Rd fM in Weinrot umhäkeln. Knöpfe annähen. Spitze auf Ausschnittweite einreihen und an Ausschnittrand nähen.

Hut

In oberer Hutmitte beginnen. 7 Lm in Weinrot anschl, mit 1 Km zum Ring schließen. Dann Stb in Rd häkeln:
1. Rd: 13 Stb in den Ring häkeln.
2. Rd: Jede M verdoppeln = 25 Stb.
3. Rd: Jede 2. M verdoppeln = 37 Stb.
4. Rd: Jede 3. M verdoppeln = 49 Stb.
5. Rd: Jede 3. M verdoppeln = 64 Stb.
6. Rd: Jede 4. M verdoppeln = 78 Stb.
7. Rd: Über 70 Stb ohne Zunahmen häkeln, dabei für den „Knick" jeweils nur in die rückwärtige Hälfte der Abmaschglieder der Vorrd einstechen.
8.-12. Rd: Den Hutrand über 70 Stb ohne Zunahmen häkeln.
13. Rd: Für die Krempe jede 4. M verdoppeln = 92 Stb.
14. Rd: Jede 4. M verdoppeln = 115 Stb.
15. Rd: Über 108 Stb ohne Zunahmen häkeln.
Das Satinband um die vorletzte Rd des Hutrandes nähen, dabei beidseitig die Enden gleich lang überstehen lassen, zur Schleife legen und festnähen.

Handtasche

Für die Taschenvorderseite 15 Lm + 2 Lm als Ersatz für die 1. fM in Flieder anschl. FM in R häkeln = 16 fM. Nach 4 cm = 12 R ab Anschl das Ende der Vorderseite markieren, dafür in 13. R die fM jeweils nur in die rückwärtige Hälfte der Abmaschglieder häkeln. Für die Taschenrückseite und den Klappenansatz gerade weiterhäkeln. Nach 7,5 cm = 22 R ab Beginn der Rückseite beidseitg für die schräge Form je 1 M abnehmen, dann in jeder folgenden R noch 5x je 1 M abnehmen. Arbeit beenden.

Fertigstellen

Tasche an der Markierung umklappen. Seitennähte schließen. Klappe nach vorne umlegen. Perlen auffädeln und als Tragegurt seitlich annähen. Zierknopf auf Klappenmitte nähen.

Für kleine Lokführer

Bitte zurücktreten, der Zug fährt ein!

GRÖSSE
Puppengröße 42 cm - 44 cm
Shorts ca. 16 cm lang

MATERIAL
* Schachenmayr/SMC
  Catania (LL 125 m/50 g)
  in Regatta (Fb 261), 150 g
  und Natur (Fb 105), 100 g
* Häkelnadel 3,0 mm
* Hutgummi, ca. 55 cm

MASCHENPROBE
Mit Nd 3,0 mm
im Reliefmuster
25 M und 16 R =
10 cm x 10 cm

Mit Nd 3,0 mm
22 Stb und 13 R
= 10 cm x 10 cm (Shorts)

Reliefmuster

Im Wechsel 1 Rückr Stb und 1 Hinr fM häkeln, dabei die fM jeweils in die rückwärtige Hälfte der Abmaschglieder der Stb arb. Ab folgender Stb-R die Stb jeweils in die vordere Hälfte der Abmaschglieder der fM häkeln.

Kapuzenpullover

Rückenteil

43 Lm + 2 Lm als Ersatz für die 1. fM in Regatta anschl. 1 Hinr fM, dann im Reliefmuster häkeln = 44 M. Nach 6,5 cm = 11 R ab Anschl beidseitig für die Armausschnitte je 6 M abnehmen, dafür am R-Beginn die M mit Km übergehen, am R-Ende die M unbehäkelt stehen lassen = 32 M. Dann gerade weiterhäkeln. In 6 cm = 10 R Armausschnitthöhe für den Halsausschnitt die mittleren 14 M unbehäkelt lassen und beidseitig über die restlichen je 9 M noch je 2 R häkeln. Dann das Rückenteil beenden.

Vorderteil

Wie das Rückenteil häkeln, jedoch mit Schlitz und tieferem Halsausschnitt. Bereits gleichzeitig mit Beginn der Armausschnitte für den Schlitz die mittleren 2 M unbehäkelt lassen und beide Seiten ge-

trennt über je 15 M gerade weiterhäkeln. In 5 cm = 8 R Schlitzhöhe am Schlitzrand für den Halsausschnitt 6 M abnehmen. Über die restlichen 9 M noch 4 R häkeln. Dann die eine Seite beenden. Die andere Seite gegengleich beenden.

Ärmel

31 Lm + 2 Lm als Ersatz für die 1. fM in Regatta anschl. 1 Hinr fM, dann im Reliefmuster häkeln = 32 M. Beidseitig für die Schrägungen in der 6., 10. und 14. R je 1 Stb zunehmen = 38 M. Dann gerade weiterhäkeln. Nach insgesamt 11,5 cm = 19 R ab Anschl die Arbeit beenden.

Kapuze

75 Lm + 2 Lm als Ersatz für die 1. fM in Regatta anschl. 1 Hinr fM, dann im Reliefmuster häkeln = 76 M. Beidseitig für die Form in der 16., 18. und 20. R je 1 M zunehmen = 82 M. Nach 11,5 cm = 19 R ab Anschl die Arbeit beenden.

Tasche

21 Lm + 2 Lm als Ersatz für die 1. fM in Regatta anschl. 1 Hinr fM, dann im Reliefmuster häkeln = 22 M. Nach 3 cm = 5 R beidseitig je 4 M abnehmen. Über die restlichen 14 M noch 2 R gerade häkeln. Dann die Tasche beenden.

Fertigstellen
Die seitlichen Taschenränder und den oberen Rand mit Schlingstich in Natur umstechen. Tasche mittig ab 3. R aufs Vorderteil nähen, dabei den unteren und oberen Rand sowie die unteren Seitenränder festnähen. Den Schlitzrand mit 1 R fM in Regatta dicht umhäkeln. Nähte schließen, dabei die Ärmelnähte oben 2,5 cm offen lassen. Kapuze so zur Hälfte legen, dass der Anschlrand übereinander liegt. Den Anschlrand flach zusnähen = rückwärtige Mittelnaht. Kapuze in den Halsausschnitt nähen. Ärmel einsetzen. Für die Bänder 2 Lm-Ketten aus je 2 Fäden in Regatta und 1 Faden in

Natur je 7 cm lang häkeln. Enden gut verknoten, kurz abschneiden. Bänder am Kapuzenansatz annähen.

Shorts mit Taschen

Stäbchen

In R häkeln. Das 1. Stb jeder R durch 3 Lm ersetzen. Das 1. Stb der 1. R in die 4. Lm ab Nd arb. Das letzte Stb jeder R in die 3. Ersatz-Lm häkeln.

Anleitung

1. Hosenbein
40 Lm + 3 Lm als Ersatz für das 1. Stb in Natur anschl. Stb häkeln = 40 M in 1. R. Für die Form beidseitig in der 5., 6. und 7. R ab Anschl je 1 Stb zunehmen = 46 Stb. Nach 5,5 cm = 7 R ab Anschl die Arbeit ruhen lassen.

2. Hosenbein
Wie 1. Hosenbein häkeln.
Nun über beide Teile Stb im Zushang in R weiterhäkeln. Zunächst über das linke, dann über das rechte Hosenbein arb = 92 Stb. Bis zur 16. R Stb gerade weiterhäkeln. In der 17., 18. und 19. R beidseitig je 1 Stb abnehmen, dafür jeweils das 2. und 3. sowie zweit- und

drittletzte Stb zus abmaschen = 86 M. Arbeit beenden.

Tasche und Klappe (2x häkeln)
Für die Tasche 14 Lm + 3 Lm als Ersatz für das 1. Stb in Natur anschl. Stb häkeln = 15 M in 1. R. Nach 5,5 cm = 7 R ab Anschl ringsum 1 Rd fM häkeln. Die Klappe genauso häkeln, jedoch nur über 2 R.

Fertigstellen
Taschen mit 2 R Abstand zum unteren Rand mittig auf die Hosenbeine nähen. Klappen mit je 1 R Abstand darüber annähen, siehe Modellbild. Innere Beinnähte und fortlaufend die rückwärtige Mittelnaht schließen. Hutgummi in die vorletzte Stb-R doppelt einziehen und gut verknoten.

Auf Zack!

Poloshirt in Zickzack-Optik

GRÖSSE
Puppengröße 42 cm - 44 cm
Kurze Hose ca. 13 cm lang

MATERIAL
* Schachenmayr/SMC
  Catania (LL 125 m/50 g)
  in Weiß (Fb 106), 100 g
  und Pfau (Fb 146), 50 g
* Häkelnadel 3,0 mm
* Gummiband, 4 mm breit,
  30 cm lang

MASCHENPROBE
Mit Nd 3,0 mm im
Streifenlochmuster
25 M und 13 R
= 10 cm x 10 cm

Mit Nd 3,0 mm
21 Stb und 12 R =
10 cm x 10 cm (kurze Hose)

Streifenlochmuster

M-Zahl teilbar durch 3 + 1 M extra + 3 Lm
zum Wenden als Ersatz für das 1. Stb.
1. R (Pfau): Stb häkeln, dabei das 1. Stb in
die 4. Lm ab Nd arb.
2. R (Pfau): 3 Lm (= 1. Stb), * 1 Stb übergehen, ins folgende Stb 1 Stb, 1 Lm und
1 Stb häkeln, 1 Stb übergehen, ab * fortlaufend wdh, in das letzte Stb 1 Stb häkeln.
3. R (Weiß): 3 Lm (= 1. Stb), * 1 Stb übergehen, um die Lm 1 Stb, 1 Lm und 1 Stb
häkeln, 1 Stb übergehen, ab * fortlaufend
wdh, in das letzte Stb 1 Stb häkeln.
4. R (Pfau): 3 Lm (= 1. Stb), * 1 Stb übergehen, um die Lm 1 Stb, 1 Lm und 1 Stb
häkeln, 1 Stb übergehen, ab * fortlaufend
wdh, in das letzte Stb 1 Stb häkeln.
In der Höhe die 1.-4. R 1x häkeln, dann
die 3. und 4. R stets wdh.

Hinweis: Nach der 2. R stets 2 Hin-
und 2 Rückr hintereinander häkeln,
damit man immer da weiterhäkeln
kann, wo der entsprechende Faden
zum Weiterarbeiten hängt.

Poloshirt

Rückenteil

43 Lm + 3 Lm als Ersatz für das 1. Stb
in Pfau anschl. Im Streifenlochmuster
häkeln = 14 Rapporte bzw. 44 M. Nach
8 cm = 10 R ab Anschl beidseitig für die
Armausschnitte 3 M bzw. 1 Rapport abnehmen = 12 Rapporte bzw. 38 M. In 7 cm
= 9 R Armausschnitthöhe für den Halsausschnitt die mittleren 8 Rapporte unbehäkelt lassen und beide Seiten getrennt
über je 2 Rapporte bzw. je 8 M fortsetzen.
In je 1,5 cm = 2 R Halsausschnitthöhe
ist die Schulterhöhe erreicht. Die Arbeit
beenden.

Vorderteil

Wie das Rückenteil häkeln, jedoch mit Schlitz und tieferem Halsausschnitt. Für den Schlitz gleichzeitig mit Beginn der Armausschnitte die mittleren 2 Rapporte unbehäkelt lassen und beide Seiten getrennt über je 5 Rapporte bzw. 17 M weiterhäkeln. Zunächst die linke Hälfte fortsetzen. In 5,5 cm = 7 R Armausschnitthöhe für den Halsausschnitt am Schlitzrand 3 Rapporte abnehmen. Über die restlichen 2 Rapporte bzw. 8 M noch 3 R häkeln. Damit ist die Schulterhöhe erreicht. Die Arbeit beenden. Die rechte Hälfte gegengleich beenden.

Ärmel

34 Lm + 3 Lm als Ersatz für das 1. Stb in Pfau anschl. Im Streifenlochmuster häkeln = 11 Rapporte bzw. 35 M. Nach 5 cm = 6 R ab Anschl die Arbeit beenden.

Fertigstellen

Nähte schließen, dabei die Ärmelnähte oben 1,5 cm offen lassen. Nun die Schlitzränder und den Halsausschnittrand mit 1 Rd fM in Weiß umhäkeln. Dann die Schlitzränder für die Blenden noch mit je 1 R aus 15 Stb behäkeln. Die rechte über die linke Blende legen und untere Blendenschmalseiten übereinander nähen. Nun den Kragen aus Stb in Weiß über dem Halsausschnittrand anhäkeln, dabei in 1. R 57 Stb arb und jeweils beidseitig über der vorderen und rückwärtigen

Ausschnittrundung 4x je 1 Stb zunehmen = 61 Stb. In der 2. R über den Zunahmestellen der 1. R noch 2x je 2 Stb zunehmen = 69 Stb. Die 3. R ohne Zunahmen über 69 Stb häkeln. Dann den Kragen beenden und nach außen umlegen. Ärmel einsetzen.

Kurze Hose

Stäbchen

In R häkeln. Das 1. Stb jeder R durch 3 Lm ersetzen. Das 1. Stb der 1. R in die 4. Lm ab Nd arb. Das letzte Stb jeder R in die 3. Ersatz-Lm häkeln.

1. Hosenbein

33 Lm + 3 Lm als Ersatz für das 1. Stb in Weiß anschl. Stb häkeln = 34 M. Beidseitig für die Schrägungen in der 2. und 3. R je 1 Stb zunehmen, also je 2 Stb in 1 Stb der Vorr häkeln = 38 Stb.

2. Hosenbein

Wie 1. Hosenbein häkeln. Nun über beide Teile Stb im Zusammenhang in R weiterhäkeln = 76 Stb. Nun über alle M gerade weiterarb. Nach 10 cm = 12 R ab Zufügen der M die Arbeit beenden.

Fertigstellen

Innere Beinnähte, dafür die Hosenbeine so zuslegen, dass sich die offenen Beinnähte innen gegenüber liegen und fortlaufend die rückwärtige Mittelnaht schließen. Nun für den Aufschlag an jedem Hosenbein mit Weiß über den Anschlagrand 1 Rd fM und 2 R Stb häkeln, dabei jeweils am äußeren Seitenrand des Hosenbeins beginnen und enden, außerdem in 1. Stb-R jeweils nur in die vordere Hälfte der Abmaschglieder der fM einstechen. Zum Schluss die Schlitzränder des Aufschlags und die letzte Aufschlag-R jeweils mit 1 R fM in Pfau überhäkeln. Aufschläge nach außen umlegen. Das Gummiband in die letzte Hosen-R einziehen, Enden zusnähen.

So wird's gemacht

Rundhäkeln mit zwei Luftmaschen

1 Zuerst 2 Luftmaschen anschlagen. Danach für die 1. Runde stets in die 2. Luftmasche von der Nadel aus einstechen und feste Maschen häkeln.

2 Nach der Ausführung von mehreren Häkelmaschen entsteht ein kleiner Maschenkreis. Das Rundhäkeln mit 2 Luftmaschen eignet sich dann, wenn nur wenige Maschen am Rundenanfang gehäkelt werden sollen (8–10 feste Maschen maximal). Der Rundenanfang bleibt dicht geschlossen; es entsteht nur ein ganz kleines Loch, das mit dem Anfangsfaden beim Vernähen ggf. noch zusammengezogen werden kann.

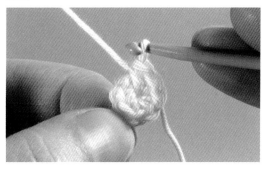

Rundhäkeln mit Luftmaschenkette

1 Zuerst eine Luftmaschenkette anschlagen. Diese mit 1 Kettmasche zur Runde schließen, d. h. die Luftmaschenkette zu einem Kreis legen, in die letzte Luftmasche einstechen und den Faden durch die Luftmasche und danach durch die Schlinge auf der Nadel ziehen. Anfang und Ende der Luftmaschenkette sind nun verbunden.

2 Nun zunächst 1 zusätzliche Luftmasche häkeln, um die Arbeitshöhe der festen Maschen zu erreichen. Dann feste Maschen häkeln, dabei stets durch die Mitte von vorne nach hinten einstechen und den Faden um den Luftmaschenring durchholen. Das Rundhäkeln mit Luftmaschenkette eignet sich, wenn viele Maschen am Rundenanfang gehäkelt werden sollen. In der Mitte entsteht ein Loch.

Maschen verdoppeln

Soll eine einzelne Masche zugenommen werden, wird
eine bereits gehäkelte Masche „verdoppelt", d. h. in die
Einstichstelle der zuletzt gehäkelten Masche wird eine
2. Masche gehäkelt. Alle Arten von Grundmaschen können
so zugenommen werden. Diese Zunahme kann in Runden
und in Reihen erfolgen. Die Maschenzahl vergrößert sich
um 1 Masche.

Feste Maschen zusammen abmaschen

Sollen 2 feste Maschen abgenommen werden, für jede feste
Masche je 1 Schlinge auf die Häkelnadel holen. Anschließend
alle 3 auf der Nadel befindlichen Schlingen zusammen
abmaschen. Die Maschenzahl verringert sich um 1 Masche.

Stäbchen zusammen abmaschen

1 Zuerst das 1. Stäbchen zur Hälfte abmaschen. Es liegen
2 Schlingen auf der Nadel.

2 Anschließend das 2. Stäbchen häkeln und dieses ebenfalls nur zur Hälfte abmaschen. Es liegen 3 Schlingen auf
der Nadel. Nun mit einem neuen Umschlag alle 3 Schlingen
zusammen abmaschen. Die Maschenzahl verringert sich um
1 Masche.

Farbwechsel bei Streifen

1 Um für ein Streifenmuster die Garnfarbe zu wechseln, bei der letzten festen Masche der Vorreihe den Faden der alten Farbe mit einem Umschlag durchholen, sodass 2 Schlingen auf der Nadel liegen. Nun diese beiden Schlingen mit dem Garn in der neuen Farbe abmaschen. Die letzte feste Masche ist so komplett in der alten Farbe gehäkelt, die Schlinge auf der Nadel hat bereits die neue Farbe.

2 Nun wie gewohnt 1 zusätzliche Wendeluftmasche häkeln, das Häkelstück wenden und weiter feste Maschen arbeiten.

Knopflöcher

Waagrechte Knopflöcher

1 Bei waagerechten Knopflöchern in einer Reihe an der Stelle, an der das Knopfloch liegen soll, eine entsprechende Anzahl feste Maschen mit Luftmaschen übergehen, dabei für jede übersprungene feste Masche je 1 Luftmasche anschlagen.

2 In der folgenden Reihe feste Maschen häkeln, dabei in jede Luftmasche je 1 feste Masche arbeiten.

Armausschnitt

In der Regel werden am Armausschnitt in der 1. Reihe mehrere Maschen nacheinander abgenommen.
Zuerst am rechten Rand am Beginn
der Reihe die Anzahl der Maschen mit
Kettmaschen übergehen und am linken Rand die entsprechende Anzahl
Maschen unbehäkelt stehen lassen.
Danach für die Armausschnittrundung
in der Höhe in gleichmäßigen Abständen jeweils 1 Masche abnehmen, d. h.
je 2 Maschen zusammenhäkeln. Das

rechte Foto zeigt die Abnahme am rechten Rand, das linke Foto die Abnahme am linken Rand. Danach wurden 2x in jeder
2. Reihe und 2x in jeder 4. Reihe je 2 feste Maschen zusammengehäkelt.

Halsausschnitt

Für einen runden Halsausschnitt die rechte und linke Seite getrennt beenden. Zuerst für die rechte Seite eine entsprechende
Anzahl Maschen häkeln. Die restlichen Maschen bleiben unbehäkelt stehen. Auf der rechten Seite die in der Modellanleitung
genannte Anzahl Reihen häkeln und für die Halsausschnittrundung eventuell weitere Abnahmen ausführen. Da diese Abnahmen immer am Ende der Reihe vorgenommen werden, bleiben alle abzunehmenden Maschen jeweils unbehäkelt stehen.
Anschließend die linke Seite häkeln. Hierfür gemäß Modellanleitung in der Mitte der Basisreihe eine entsprechende Anzahl
Maschen unbehäkelt lassen, dann den Faden anschlingen und die Maschen für die linke Seite häkeln. Die Abnahmen gegengleich zur rechten Seite ausführen, d. h. die Abnahmen liegen am Beginn der Reihe. Alle abzunehmenden Maschen mit Kettmaschen übergehen.
Das Foto zeigt einen runden Halsausschnitt mit 10 mittleren Maschen. Rechts und links wurden für die Halsausschnittrundung 2x je 4 Maschen abgenommen. Die übrigen Maschen bilden die Schultern.

Teile zusammennähen

Steppstich

1 Die Steppnaht wird dicht entlang der Außenränder gearbeitet. Die Häkelteile genau aufeinanderlegen (die rechten Seiten liegen innen) und eventuell mit Stecknadeln fixieren. Nun mit der Nadel ca. 5–6 mm vom seitlichen Rand entfernt von hinten nach vorne ausstechen und 4–5 mm weiter rechts wieder einstechen. Dabei jeweils senkrecht durch beide Lagen stechen.

2 Nun auf der Rückseite 8–10 mm weiter links wieder ausstechen, an der vorhergehenden Ausstichstelle wieder einstechen und den Faden durchziehen. Diesen Vorgang stets wiederholen. Nach dem Beenden der Naht, die rechten Seiten nach außen wenden.

Überwendlingsstich

1 Die Außenränder der Häkelteile flach aneinanderlegen, sodass die Teile genau aufeinandertreffen. In der unteren Ecke des linken Häkelteils ausstechen, die Nadeln waagerecht zum rechten Häkelteil führen und einstechen. Ein kleines Stück weiter oben am linken Häkelteil wieder ausstechen. Die Nadel wird dabei leicht schräg geführt. Den Faden durchziehen.

2 Den Vorgang über die gesamte Naht stets wiederholen. Dabei darauf achten, dass die Stiche gleichmäßig angezogen werden.

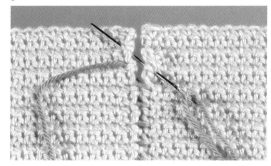

Teile zusammenhäkeln

1 Die Häkelteile an den Außenrändern aufeinanderlegen (die linken Seiten liegen innen). In einer Ecke beginnend den Faden durch beide Häkelteile anschlingen. Hierfür von vorne nach hinten durch beide Lagen stechen, den Faden durchholen und 2 Luftmaschen häkeln.

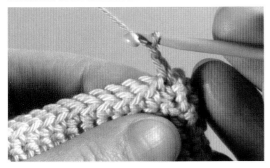

2 Anschließend über die Außenränder feste Maschen häkeln, dabei jeweils durch beide Lagen stechen. Achtung: Die festen Maschen stets in gleichmäßigen Abständen arbeiten! Liegen sie zu dicht nebeneinander, wellt sich der Außenrand, sind die Abstände zu groß, zieht sich der Außenrand zusammen.

ABKÜRZUNGEN

anschl = anschlagen
Anschl = Anschlag
arb = arbeiten
DStb = Doppelstäbchen
Fb = Farbe(n)
fM = feste Masche(n)
Hinr = Hinreihe(n)
Km = Kettmasche(n)
LL = Lauflänge
Lm = Luftmasche(n)
M = Masche(n)
Nd = Nadel(n)
Ndspiel = Nadelspiel
R = Reihe(n)
Rd = Runde(n)
Rückr = Rückreihe(n)
Stb = Stäbchen
wdh = wiederholen
zus = zusammen

Schwierigkeitsgrade

schnell und einfach

braucht etwas Übung

für Anspruchsvolle

Buchtipps für Sie

TOPP 6785
ISBN 978-3-7724-6785-1

TOPP 6590
ISBN 978-3-7724-6590-1

TOPP 6781
ISBN 978-3-7724-6781-3

TOPP 6772
ISBN 978-3-7724-6772-1

TOPP 6712
ISBN 978-3-7724-6712-7

TOPP 6774
ISBN 978-3-7724-6774-5

TOPP 6692
ISBN 978-3-7724-6692-2

TOPP 6901
ISBN 978-3-7724-6901-5

Kreative Ideen

Mit Garnen zu arbeiten ist so vielfältig! Ob Sie
nun häkeln oder stricken möchten: In diesen
Büchern finden Sie garantiert die passenden
Anleitungen.

Die drei coolsten Modelle

ie drei erspieltesten Iodelle

Die drei edelsten Modelle

TOPP – Unsere Servicegarantie

WIR SIND FÜR SIE DA! Bei Fragen zu unserem umfangreichen Programm oder Anregungen freuen wir uns über Ihren Anruf oder Ihre Post. Loben Sie uns, aber scheuen Sie sich auch nicht, Ihre Kritik mitzuteilen – sie hilft uns, ständig besser zu werden.

Bei Fragen zu einzelnen Materialien oder Techniken wenden Sie sich bitte an unseren Kreativservice, Frau Erika Noll.

mail@kreativ-service.info
Telefon 0 50 52 / 91 18 58

Das Produktmanagement erreichen Sie unter:

pm@frechverlag.de
oder:
frechverlag
Produktmanagement
Turbinenstraße 7
70499 Stuttgart
Telefon 07 11 / 8 30 86 68

LERNEN SIE UNS BESSER KENNEN! Fragen Sie Ihren Hobbyfach- oder Buchhändler nach unserem kostenlosen Kreativmagazin **Meine kreative Welt**. Darin entdecken Sie vierteljährlich die neuesten Kreativtrends und interessantesten Buchneuheiten.

Oder besuchen Sie uns im Internet! Unter **www.topp-kreativ.de** können Sie sich über unser umfangreiches Buchprogramm informieren, unsere Autoren kennenlernen sowie aktuelle Highlights und neue Kreativtechniken entdecken, kurz – die ganze Welt der Kreativität.

Kreativ immer up to date sind Sie mit unserem monatlichen **Newsletter** mit den aktuellsten News aus dem frechverlag, Gratis-Bastelanleitungen und attraktiven Gewinnspielen.

Birgitt Hettich-Kraemer begann schon sehr früh mit Handarbeiten. Zuerst wurden die eigenen Puppen benäht, im Teenageralter kam das Stricken und Häkeln hinzu. Als junge Tante waren gestrickte Pullover für den kleinen Neffen und Puppenkleider für die Nichte gefragt. Seitdem hat sich die Leidenschaft für das Häkeln immer weiter gesteigert. Weitere Informationen und Puppenaccessoires finden Sie auf ihrer Homepage unter www.puppenhaekelmode.de.

IMPRESSUM

FOTOS: frechverlag GmbH, 70499 Stuttgart; lichtpunkt, Michael Ruder, Stuttgart

PRODUKTMANAGEMENT: Anna Bender

LEKTORAT: Edeltraut Söll, Offenburg

GESTALTUNG: Petra Theilfarth

DRUCK UND BINDUNG: Finidr s.r.o., Tschechische Republik

4. Auflage 2014

© 2013 **frechverlag** GmbH, 70499 Stuttgart

ISBN 978-3-7724-6904-6 • Best.-Nr. 6904